KB234866

도요타생산방식 전개매뉴얼

스텝식체크리스트포함

KSAM 한국표준협회미디어

TOYOTA SEISAN HOSIKI TENKAI MANUAL

머리말

이전에 도요타 생산방식에 관한 이야기는 처음 듣는 사람에게는 매우 자극적인 것이었다. 귀에 들리는 모든 것이 신선하고 대단한 것처럼 생각됐다. 그 이론은 아주 단순하면서도 우리와 가깝게 느껴지며 누가 들어도 납득할 수 있는 것뿐이었다. 예를 들면「필요한 때에 필요한 것을 필요한 만큼」이라든지「7대 낭비」라는 말을 들으면서 모두들 동감했었다. 그래서 많은 기업들이 자기들도 도요타처럼 되어 보려고 노력했다.

그러나 이 방식은 단순함에도 불구하고, 본질을 파악하기 어렵고 내용의 깊이도 깊다. 때문에 실천하면서 당황하게 되고 전개 방법에 곤혹스러움을 느낀다는 말들을 많이 한다.

하지만, 도요타자동차가 계속 발전하면서 지금도 도요타 생산방식에 대한 관심이 여전히 높아 많은 기업에서 도입을 고려하거나 실제로 도입하고 있다. 그러나 막상 실천에 들어가면 도요타 생산방식의 사고방식이나 수법을 생각나는 대로 적용하거나, IE적인 부분 개선에 얽매이면서 전체 개선의 시나리오는 좀처럼 그리지 못하는 현장도 있다.

그럼에도 나름대로 효과가 올라가다 보니 이것이 도요타 생산방식이라고 착각하며 만족해 버린다든지, 반대로 좀 틀린 게 아닐까 하는 일말의 의혹을 품은 채로 계속한다든지, 혹은 "우리는 도요타가 아니니까……"라고 스스로 자위하며 포기해 버리고 마는 실정일 것이다.

이 책은 주로 이런 사람들을 위해, 진정한 도요타 생산방식을 각각의 현장에서 제대로 전개할 수 있도록 도움이 되었으면 하는 바람으로, 필자가 실제 현장에서 시행착오를 반복하면서 경험했던 방법을 매뉴얼로 종합한 것이다.

처음에는 도요타 생산방식의 본질이나 진행 방법이 잘 이해가 안 되더라도, 실행하는 가운데 개선 방법을 익혀 성과를 내면서 도요타 생산방식의 본질을 체득할 수 있도록 했다.

이를 위한 방법으로, 스텝식으로 전개하고 현장개선 단계에서는 체크리스트 사용을 제안한 것이다. 그러나 많은 사람들이 체크리스트를 활용할 때 체크리스트만으로는 각 항목의 의미를 파악할 수 없을 것으로 보고, 해설도 준비해서 누구나 활용할 수 있도록 했다. 체크 항목을 하나씩 개선해 나갈 때 해설에 의해 도요타의 사고방식이나 방법을 보다 깊이 이해할 수 있게 될 것이다.

도요타 생산방식을 전개함에 있어서 현장개선은 현장에서 문제를 찾아내어 스스로 생각하고 실천하는 방법을 중시하므로, 오히려 이런 체크리스트에 따라 진행하는 방법은 옳은 방법이 아니라고 말할지도 모른다.

그러나 현실적으로 이상적인 모습이나 방법을 이해하지 못한 단계에서 자주적, 계획적, 체계적으로 진행한다는 것은 어려운 일이다. 이런 경우 실시하는 측의 대부분은 지도자의 말 뜻도 이해 못하면서 무조건 실행할 수밖에 없지 않을까?

그래서 이 책에서는 현장사람들이 주체가 되어 자주적으로 실행할 수 있는 도구를 준비해 도표로 나타내었기 때문에 도움이 되리라 믿는다.

이와 같이 이 책은 당초에 '약간 공부했다, 실행해 봤다' 는 사람들을 염두에 두고 집필을 시작했다. 그러나 도요타 생산방식에 관해 단편적으로밖에 들은 적이 없어 본질은 잘 이해하지 못하거나, 또는 전문가의 말은 들어본 적이 없지만 높은 관심을 갖고 해보고 싶다는 사람들이 많다는 것을 알고 지금까지 활용했던 체크리스트 항목이나 해설의 표현 등을 재검토해 많은 사람들이 이용할 수 있도록 보완했다. 때문에 초심자도 충분히 활용 가능할 것이다.

이 책에서는 가급적 도요타 생산방식의 독특한 단어, 해석, 사고방식에 관해 자세하게 해설하려 애썼으나 모든 것을 다 할 수는 없었다. 또한 도요타 생산방식에 관한 기본적 사고방식이나 수법, 개선사례 등에 관한 체계적인 설명은 생략하였다. 이런 것을 자세히 알고 싶은 사람은 현재 출판되어 있는 관련 서적을 읽든지, 각지에서 개최되고 있는 강습회나 세미나에서 공부하는 것도 좋을 것이다. 이 책에서는 부록으로「도요타 생산방식의 개요」를 권말에 넣었으니 참고하기 바란다.

이 책의 방식은 종래와는 다르게 순서를 정해 체크리스트를 사용해서 진행해 가지만 각 단계의 개선을 위한 개별 작업은 지금까지의 개선과 전혀 다른 것을 하는 것이 아니다. 그러나 진행 방법을 바꿈으로써 생산성 향상, 원가 절감, 기업의 효율화라는 효과를 낼 수 있는 가이드를 제시하였다. 또한, 이를 위해 다음과 같은 성과가 함께 배양되도록 운영상의 배려도 하고 있다.

1. 어떤 물건 만들기를 지향하는가의 구상을 세워서 착수하므로 목표가 명확하고 개선의 니즈도 구체화된다.
2. 단계적으로 진행하므로 각 공장의 상황이나 수준에 맞추어 도입, 진행할 수 있다.
3. 모델라인에 특화시켜 실시하므로 개선 대상이 압축되어 개선을 구체적이고 확실하게 진행할 수 있다.
4. 모델라인을 순서대로 선정해 감으로써 전체 개선을 정리된 상태로 진행할 수 있다.
5. 현장개선 단계에서는 10단계로 구분한 체크리스트를 사용해 스토리

형태로 진행함에 따라 실시자가 개선의 방향성과 진도를 나타낼 수
있다.

6. 체크리스트에 의해 구체적인 개선 내용과 절차를 알게 되어 개선을
   착실하게 한 항목씩 효율적으로 진행할 수 있다.

7. 체크리스트에 의해 개선의 절차와 규모를 읽을 수 있기 때문에 구체
   적인 일정계획을 세워 실행할 수 있다.

8. 체크리스트는 조립형 공정뿐만 아니라 장치형 공정도 고려했기 때문
   에 어떤 공장에서도 이용할 수 있다.

9. 제품이나 공법, 공정에 따라서는 이론대로 체크 항목을 해결할 수 없
   는 경우도 일어날 수 있으므로 이 때 적용할 수 없는 항목을 제외시켜
   개선의 낭비를 하지 않도록 배려했다.

10. 체크리스트에 의한 개선 결과를 스스로 평가하고 지도자에게 판정
    받음으로써 실무자의 의욕을 향상시키고 관계자 전원의 힘을 모을
    수 있다.

이 활동은 절차에 따라 진행하도록 되어 있으나, 어떤 방법으로 하든지
이미 도요타 생산방식을 실천해 온 사람들이 경험한 것처럼 엄격하고 철
저하게 하지 않으면 성공은 기대할 수 없다. 그래서 이 활동의 문제 해결
에는 과학적, 기술적 그리고 관리적인 태도로 전 조직이 임해야 할 것이
며, 그 결과로 사람과 조직이 매우 강하게 변하는 것이다. 이 책에서는 도
요타 생산방식을 전개하는 구체적 수단의 소개에 중점을 두었기 때문에
이 점에 관해서는 거의 언급하지 않았지만, 체크리스트에 따라 확실히 진
행하면 당연히 강한 조직과 파워가 넘치는 인재를 육성하게 된다. 집단에
서 조직적으로 이 활동을 진행하면 그 조직의 결속력, 연대감, 그리고 조

직으로의 귀속의식이 높아지고, 새로운 문제에 맞서서 개선을 진행함에 따라, 문제에 대해 언제나 전향적으로 해결할 수 있는 능력있는 집단이 된다.

또한 그 집단을 결속시키는 관리·감독자는 언제나 지향해야 할 곳을 생각해 집단을 통제하고 리드해 문제를 해결하며, 새로운 문제에 도전하면서 조직목표를 달성하는 매니지먼트 능력이 더욱 향상될 것이다. 뿐만 아니라 실제 개선에 임하는 사람들도 집단 안에서 융화를 꾀하면서, 동료와의 경쟁 속에서 짧은 시간에 많은 개선을 달성함에 따라 힘을 키울 수 있을 것이다.

도요타 생산방식에서는 「물건 만들기는 사람 만들기」라고 말하는데, 지금까지 출판된 서적에는 이런 면에서의 구체적인 효과에 관해 다룬 것이 거의 없다.

물론 생산성 향상이라든가, 인력 절감이라든가, 불량 감소와 같은 직접적인 효과도 필요하겠지만, 그 이전에 사람이 바뀌고, 조직이 바뀌고, 체질이 바뀌는 것이 더 중요하지 않을까? 이 방식에는 진행 방법에 관한 구체적인 지침이 나와 있어 헤매지 않고 추진할 수 있기 때문에 이 활동을 진행하면서 「사람 만들기」를 할 수 있다고 본다. 또한 그렇게 되지 않는다면 추진하는 의미도 없을 것이다.

목차

제1장
도요타 생산방식의 고찰

이 책에서는 도요타 생산방식에 근거한 「물건 만드는 방법」의 개선에 관해, 지금까지와는 약간 다른 접근방법을 구체적으로 제시하고 있다.

현재까지 도요타 생산방식이나 JIT(Just In Time) 생산방식에 관한 소개서와 해설서는 많이 출판되었고 강연회나 세미나도 유행하고 있으며, 또 이를 전문으로 하는 컨설턴트도 많이 있다.

한편 여러 입장에서 주장하는 「물건 만들기」의 개선에 대한 사고방식도 독자적인 방법처럼 말하고 있지만, 대부분은 도요타 생산방식에 근거를 두거나 그 영향을 강하게 받은 사실은 부정할 수 없을 것이다. 따라서 도요타 생산방식이라고 칭하지 않은 서적이나 컨설턴트라도, 도요타 생산방식의 독특한 용어나 사고방식을 자주 활용하고 있다. 예를 들면, 「평준화」, 「동기화」, 「한개 흘리기」, 「후공정 인수」, 「간반」, 「안돈」, 「표준작업표」, 「낭비배제」, 「눈으로 보는 관리」 등이다.

현재 출판되고 있는 도요타 생산방식 또는 JIT에 관한 문헌은 크게 나누어 두 종류가 있다. 하나는 사상이나 사고방식을 중심으로 쓴 것이고, 또 하나는 기법, 수법, 개선 사례를 위주로 쓴 것이다. 어느 쪽이든 처음 읽고 들었을 때, 조금이라도 생산에 관련된 사람이라면 '과연!' 하며 감탄한다든지, '이렇게 하면 되겠구나!' 하며 이해하기도 한다. 그 가운데에는 '본질을 터득했다' 는 사람조차 나온다. 자기들의 생산 현장이 얼마나 뒤떨어져 있는가에 대한 초조감마저 느낀다. 그리고 자신들의 현장에서도 직접 실행해본 결과나 듣고 배운 지식을 어떻게 활용해서 진행해야 좋을지 모른다든지, 지도를 받아 현장전개를 시작했지만 실행하는 것과 배워온 사고방식이 어떻게 연결되는 것인지를 몰라서 왜 이것을 해야만 되는

지에 대한 의문에 빠지는 경우가 종종 생긴다. 하지만, 도요타 생산방식이나 JIT의 지도자는 판에 박은 듯이 강력한 파워로 밀어붙이기 때문에 어쩔 수 없이 계속하는 경우도 있다. 또한 자기는 알고 있다는 착각 속에서 하고 있는 사람도 있고, IE적인 부분 개선을 마치 도요타 생산방식이라고 생각해 열심히 개별 개선을 하다가 끝나버리는 경우도 적지 않다.

도요타 생산방식에서 '행동 중에 사상이 있다' 라고 하는 것처럼 이 방식은 오노 다이이치(大野耐一)가 도요타 본사 공장의 현장에서 시행착오를 거듭한 끝에 나왔다는 것은 주지의 사실이다.

저스트 인 타임으로 물건을 만들기 위해서 어떻게 하면 좋을지에 대해

오랜 시간에 걸쳐서 연구와 노력을 거듭해서 만들어 낸 것이다. 거기에 기본적인 이념은 있었지만, 개선의 사고방식이나 수법은 그 후에 실천을 통해 조금씩 형태를 갖춰 온 것이다.

따라서 당초에는 체계적 이론 설정이 되어 있지 않았고, 1973년에 도요타자동차의 교육부(당시)가 사내용으로 『도요타식 생산시스템-도요타방식』(B5판)을 처음 구체적으로 정리하였다. 1975년에 개정판이 나왔는데 이것을 나중에 도요타가 관련 기업과 협력 공장을 지도할 때에 나누어 줌으로써 세상 사람들의 눈에 띄게 된 것이다. 그 후 실무편으로 지금까지보다 좀 더 체계적으로 사례를 중심으로 한 종합편이 발간되었지만 이것은 사내 및 극히 일부의 계열 기업에만 배부되어 세상에는 나오지 않았다. 따라서 『도요타식 생산시스템』이 도요타의 사외에서 도요타 생산방식을 연구하는 사람들의 바이블과 같은 역할을 해 그 사람들에 의해 발간된 문헌의 대부분은 『도요타식 생산시스템』에서 말하고 있는 내용의 복사본에 지나지 않는다고 할 수 있다.

이처럼 『도요타식 생산시스템』의 내용을 근거로 썼기 때문에 이런 문헌들의 내용은 거의 비슷하고, 신선미도 떨어지는 점을 부인할 수 없다. 그래서 최근에는 이런 종류의 새로운 출판물이 적어지고 있으나, 도요타자동차의 지속적인 발전으로 인해 지금도 도요타 생산방식에 관한 서적은 계속 출판되고 있다. 그 내용을 보면 노하우와 관련된 기법이나 수법과 기본적인 사고방식의 나열은 적어지고, 도요타 생산방식을 성공으로 이끈 배경, 도요타와 타사의 기업 풍토의 차이점, 도요타의 개선 진행방법, 도요타의 전통적 개선 마인드(이를 도요타의 DNA라고 하는 사람도 있다) 등에 역점을 둔 책들이 많아지고 있다.

도요타 생산방식은 이처럼 우선 실천의 축적이 있었고 여러 경위를 거쳐서 점점 정비되어 왔다. 때문에 이것을 하나의 문헌으로 종합하고자 해도 본질적이고 기본적인 사상체계와 그것을 실현 가능하게 하는 시스템, 그리고 그 시스템을 만들어 가는 개선의 기법·수단, 그 개선을 실시하는 기본자세 등의 관련 설정이 제대로 설명되어 있지 않다. 그래서 어쩔 수 없이 이것을 각각 개별적으로 설명할 수밖에 없었다. 그 이유는 『도요타식 생산시스템』을 읽고 공부해서 책을 쓴 사람들의 대부분이 오노 다이이치처럼 직접 현장을 담당하고, 거기서 오랜 시간의 노력과 실천으로 몸에 밴 사람들이 아니었기 때문이다.

또한 최근에는 이미 도요타 생산방식적인 현장이 불완전하나마 그런대로 만들어져 그곳에서 육성된 사람들이 많기 때문에, 전혀 백지 상태에서 스스로 생각하고 자기 손으로 바꾸어온 경험이 적은 것도 그 이유의 하나일 것이다.

이런 입장의 사람들이 저술한 책은 아무래도 도요타 생산방식의 사고방식이나 방법을 원론적으로 표현할 수밖에 없을 것이고, 작은 개선이나 사례의 나열적 소개로 끝난다든지, 도요타 생산방식의 탄생 배경이나 발전 과정에 대한 설명으로 끝나버리고 만다. 이런 문헌으로는 도요타 생산방식의 성립이나 사고방식, 부분적 개선의 사례는 알 수 있을지 몰라도 자신들의 업무현장에서 스스로 해보려 하면 쉽지 않다. 어쩌면 이런 사실은 이미 많은 사람들이 경험하지 않았을까?

1-2 / 도요타 생산방식 전개의 현상

도요타자동차는 1970년대부터 계열기업과 협력기업에 대한 지도와 전개를 시작했다. 특히 당시 경영적 문제를 안고 있던 기업(예를 들면 도카이리카(東海理化), 제코, 도요타방직 등)은 더욱 철저하고 피나는 노력을 통해 좋은 성과를 일궈냈다. 그 후 각 계열사는 자주적으로 전개하였으며, 도요타 사내에서 개최되었던 자주연구회(약칭 自主研. 1970년 중반부터 개최. 관리자와 스태프가 구성원)라는 현장의 연구회에도 참가했다.

또한 도요타 사내에서 트레이너 양성을 시작하여 각 계열사의 관리자 중에서 선발된 인재를 별도로 모아 각 회사, 각 현장에서 도요타 생산방식을 추진하는 핵심인재로 육성했다. 이렇게 각 사의 인재가 만들어지고 자주 전개의 활력을 얻어 각각의 사내에서도 자주연구회가 시작되었고 그것이 오늘에 이르고 있는 것이다.

도요타 생산방식이 도요타 관련사 이외에도 확대되면서 자주연구회도 각각의 기업이나 그룹사에서 또는 컨설턴트 등의 주최로 독자적으로 개최되었다. 도요타가 시작한 당초의 자주연은 현장에 모여서 "문제점이 어디에 있을까, 어떻게 하면 좋을까" 등에 관해 구성원 전원이 생각하고 토의해 해결책을 도출해냄으로써 낭비를 보는 눈을 배양하고, 개선능력과 마인드를 높여 집단으로 해결해가는 것을 익히는 것이 포인트였다.

그러나 자주연도 시간이 지남에 따라 한정된 시간 내에 개선의 효과를 내고자 하는 방법으로 바뀌었다.

자주연의 대상 현장이 제기한 한정된 공정의 테마를 구성원이 시간 내에 해결하고자 하는 방법은 그 공정의 문제점을 어떻게 파악하고, 어디에 착안해, 어떻게 개선해 성과를 내는가에 관해 그 기술과 스킬은 높일 수 있게 되었다.

그러나 이런 방법은 긴 공정 중의 어느 일정 부분에서는 '외양'을 바꾸고 공정의 능률도 올렸지만, 이것이 다른 공정과의 밸런스를 깨뜨려 조정

경기와 같은 현상을 일으키게 되었다(예를 들면 조정 경기에서 한 사람의 힘 좋은 선수가 열심히 빠른 피치로 노를 젓는다면, 그 배는 어떻게 될까? 다른 배보다 빨리 가기는커녕 똑바로 갈 수도 없다는 것이 앞서 기술한「도요타식 생산시스템」에 나와 있다).

도요타나 계열 기업의 자주연에서는 그 후 방법을 바꾸었으나 다른 기업에서는 종래 방법을 답습해 현재까지 계속하는 곳이 많다.

앞서 언급했지만 현재는 많은 사람이 지도자가 되어 컨설턴트로 활동을 하고 있다. 그 대부분은 도요타 생산방식의 방법이나 기본적 사고방식 등 교과서적인 내용은 잘 설명할 수 있으나 현장에서의 전개는 잘 안 되는 것 같다. 때문에 IE적인 부분적이고 사소한 지적이나 때때로 현상에 어울리지 않는 원칙론적인 지도가 되기 쉽다. 이런 지도를 받는 측에서는 당초의 신선한 마음으로 열심히 받아들여 작은 개선을 수없이 하고 5S나「안돈」,「간반」을 도입한 결과 외양적으로 공정은 확실히 보기 좋아졌지만 생산성은 올라가지 않아 매너리즘에 빠져버리게 되는 것이다.

이것은 현재 지도를 하고 있는 사람들 대부분이 초기의 도요타 지도자의 영향을 강하게 받아 '즉석 해결식'의 자주연의 방법을 그대로 전수받은 사람들이기 때문이라 생각된다.

이런 지도는 현장에서 발견한 불합리에 관해 어떤 원인에서 그렇게 되었는지, 또 지적 사항이 어떻게 관련되어 생산성에 어떤 악역향을 끼치고 있는지, 그것을 실행함으로써 어떤 결과가 되는지에 관한 이론적 설명이 없는 채로 너무나도 강력하게, 강제로, 그것도 넓은 범위에 걸쳐서 무조건 손대고 보자는 것만을 요구해 왔다.

이 방법은 받아들이는 사람들에게 강한 임팩트를 주어 도요타 생산방식은 이렇게 하는 것이라는 인상을 주어 왔다고 생각한다.

이런 방법은 도요타나 그 계열기업처럼 강한 의지와 조직력이 있고 그 위에 생산 기술력, 생산 관리력이 준비된 기업에서는 효과적이었다. 하나하나 나쁜 점을 강력하고도 스피드 있게 고쳐가면서 「체계」·「생산」·「마음가짐」의 개선에 연결되어 전체 효율이 오르고 생산성이 향상되어 왔다.

그러나 이런 방법은 개선하는 측에 막대한 에너지와 파워를 필요로 하게 하며 의식 개혁이나 위기감도 요구하게 된다. 어찌 보면 '하지 않으면 안 된다' 는 공포감일지도 모른다.

하지만, 기업 문화나 풍토가 다른 일반 기업에서는 지도자의 이런 강한 지도에 반감이나 혐오감을 느끼거나 아무리 시간이 지나도 바뀌지 않아 좌절해 버리는 곳도 있다.

최근 TV나 신문 등에서 도요타 관련 기업 이외에서 도요타 생산방식이나 그와 비슷한 개선이 상당히 잘 되고 있는 것처럼 보도되고 있지만, 그 정도의 내용이라면 도요타 관련 기업에서는 벌써 10년 전, 20년 전에 경험한 것들이다. 그나마 그 개선 활동이 계속된다면 나은 편이다. 오히려 그 반대로 실패하든지 어느 정도의 효과가 나온 단계에서 만족해 버린다든지, 혹은 한계를 느껴서 포기해 버리는 기업도 많다.

1-3 / 도요타 생산방식의 구도

도요타 생산방식이 잘 진행되지 않는 것은 지도측과 실행측 쌍방이 도요타 생산방식에 관한 인식과 실행 자세에 차이가 있기 때문이라고 생각된다.

도요타 생산방식이란 어떤 것인가? 이 질문을 도요타 생산방식을 하고 있거나 관심을 갖고 있는 사람에게 해보면 실로 여러 가지 대답이 돌아온다. "Just In Time으로 물건을 만드는 것이다", "낭비를 철저하게 배제하는 개선 활동이다", "평준화시켜서 한 개 흘리기의 공정을 만드는 것이다" 등등.

'장님 코끼리 만지기' 라는 말도 있지만 이야말로 거기에 해당하는 것이다. 이런 대답이 틀린 것은 아니지만 그 일부를 말하는 것에 지나지 않는다.

하지만 예를 들어 JIT라고 대답한 사람도 사실은 평준화, 한 개 흘리기, 자동화, 낭비 배제 모두 필요하다는 것은 알고 있다. 이런 것들이 어떤 연관이 있는가를 이해하지 못하기 때문에 어떻게 대답할까 망설이는 것이다. 전체 구도를 파악하지 못하고 있는 것이다.

원래 도요타 생산방식의 구도나 진행 방법은 아주 간단하다. 따라서 어떤 수준의 사람이 들어도 그때는 그 사람 나름대로 이해된 것처럼 느낀다. 도요타 생산방식의 내용을 들으면 개개의 사고방식이나 수법의 구체적 사례나, 때로는 현장에서 현상을 보이면서 상당히 인상적으로 말하기 때문에 감격적으로 받아들여 자신들의 현장에도 곧바로 전개하려고 든다. 그러나 막상 해보면 해볼수록 자신들의 사고방식이 올바른 방향으로 가고 있는지 불안하게 되고, 하고 있는 것이 적절한가에 대한 의문에 빠지고, 헤어날 방법을 모르게 되는 일이 자주 일어난다. 그 이유는 본질을 파악하지 못하고 있기 때문이다. 여기에 바로 '단순하지만 어려움' 이 존재하는 것이다.

앞서 오노 다이이치가 본사 공장에서 저스트 인 타임을 지향하고, 개선에 착수한 것이 도요타 생산방식의 시작이라고 설명했다. 이 「저스트 인 타임」과 「인변 자동화」가 도요타 생산방식의 두 기둥이라고 「도요타식 생산시스템」안에 쓰여 있다.

이미 알려진 것처럼 저스트 인 타임이란 필요한 것을 필요한 때에 필요한 만큼 각각의 공정에 공급·생산하는 것이다.

도요타에서는 이것을 실현하기 위해 어떤 방법으로 하면 좋을지, 현장에서 오랜 시간 연구한 결과,

① 공정을 흐름화한다
② 필요수에 의해 택트타임을 정한다
③ 후공정 인수로 한다

의 3가지를 라인에 적용하는 것을 원칙으로 했다.

여기서 택트타임은 도요타 생산방식에서 저스트 인 타임을 실현하기 위한 중요한 사고방식으로 일반적으로는 다음과 같은 식으로 구한다.

$$\text{택트타임} = \frac{\text{일일 가동시간} \cdots \text{일상적인 조업시간, 일반적으로 정시}}{\text{일일 필요수} \cdots \text{월당 필요량을 일일량으로 계산한 수}}$$

자동화(自働化-사람인(人)변 자동화)란 이상을 알 수 있고 이상이 생기면 멈추는 라인으로 만들어 가는 것이다. 지금까지의 자동화(自動化)와는 틀린 의미를 지닌다는 것을 나타내기 위해 「자동화(自動化)」의 「동-動」을 「동-働」으로 바꾸어 표현해서 「인변이 붙은 자동화」라고 한다. 지금까지의 자동화설비는 단순히 자동으로 움직이기만 하는 것으로, 트러블이나 고장 발생 등의 불합리를 두려워해서 언제나 사람이 붙어 있다. 하지만, 이제는 사람이 옆에 없어도 되도록 이상이 생기면 멈춰버리는, 더 나아가

이상 발생이 없고 멈추는 일도 없는 라인으로 만들어 가는 것이다. 이와 관련하여 자동설비에 붙어있는 사람을 「감시인」이라 부른다.

사실 도요타 생산방식의 모습은 이것밖에 없는데 이를 좀처럼 이해하기가 어렵다. 그것은 이 두 가지가 어떻게 연결되는지를 잘 모르기 때문이 아닐까? 여기에서 저스트 인 타임이라고 하는 시스템에 인변 자동화라고 하는 장치나 구조를 만들어 넣은 것이라고 생각하면 이해가 쉽지 않을까?

도요타 생산방식의 해설서를 읽고 세미나나 지도자들의 말을 들으면 여러 가지 사고방식이나 방법이 나오지만, 앞서 말한 것처럼 이런 설명들은 도요타 생산방식의 본질적인 이념과 개선에 대처하는 사고방식, 개선의 절차·수단 등의 관계가 잘 정리되지 않은 경우가 많다. 심한 경우에는 수단이 목표가 되어 버리는 경우조차 있다.

따라서 현장에서 개선에 임하는 사람은 두 기둥을 '사고방식' 이라고 잘못 생각한다든지, 도요타 생산방식의 이상적 모습이나 궁극적 모습을 알고는 있지만 어떻게 구축해야 할지를 모르기 때문에 지도자가 말하는 대로 5S나 작은 개선만을 언제까지나 하고 있게 된다. 그 결과 개선하는 사람의 작은 개선 스킬은 확실히 좋아지고 현장은 깨끗해지며 공정의 모습도 바뀐다. 그리고 개선한 개개의 공정에서는 몇몇 사람이 줄고 생산성도 올라간다. 그러나 최근처럼 생산의 변화가 심하고 품목이나 품종이 완전히 변한다든지, 양이 급격히 증감되면 애써 만들어 놓은 개선 공정이 원위치되거나, 그 개선이 전혀 활용되지 않아 소멸되어 버리기도 한다. 또 비교적 변화가 적은 공정에서는 여러 가지 개선을 했기 때문에 더 이상 하려 하면, 작은 성과를 위해 막대한 공수와 코스트를 들여야만 한다.

원래 도요타 생산방식이 노리는 것은 전체생산의 효율화다. 라인전체, 공정전체 그리고 기업전체의 효율화다. 생산에서 효율이란, 사람, 물건

(기계 · 설비), 정보 등의 경영자원이 전혀 낭비 없이 부가가치만을 높이기 위해 움직여야 한다 (「도요타식 생산시스템 」에서 인용).

이런 모습을 실현시키는 것이 저스트 인 타임과 인변 자동화의 두 기둥이며, 이런 이상적인 모습에 가깝게 가는 활동이 도요타 생산방식이다.

낭비 배제라는 사상을 갖고 모든 낭비를 발견해 철저히 제거하는 방법으로 개선을 진행해 두 기둥을 향해 가는 가운데, 낭비를 가장 쉽게 발견하고, 니즈에 맞는 개선이 가장 쉽게 진행되며, 가장 이상적이고 효율적인 「물건 만드는 방법」이 바로 「흐름 생산」인 것이다.

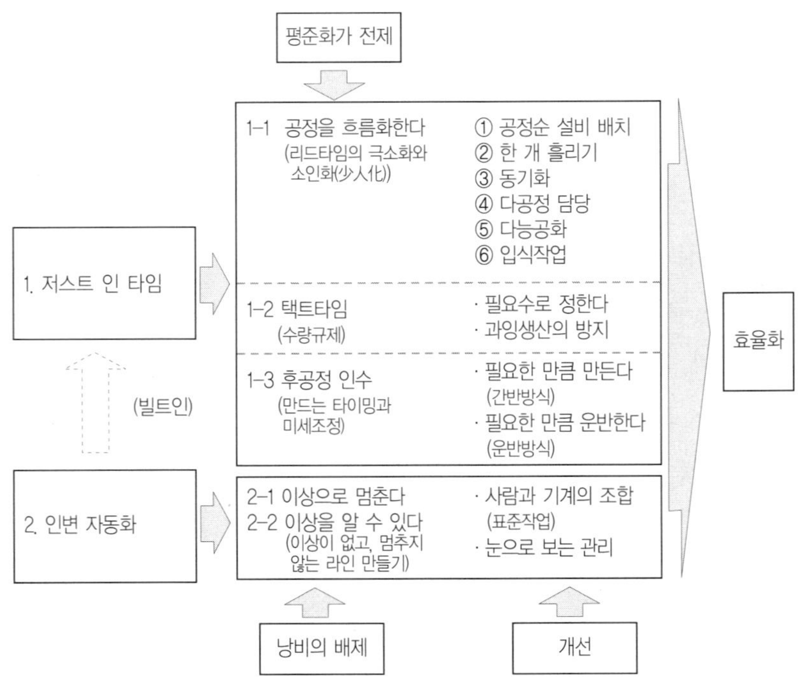

[그림 1-1] 도요타 생산방식의 구도

그런 이유로 도요타 생산방식에서는 공정을 「흐름화」하는 것이다. 부분 공정만을 다루게 되면 그 부분만이 돌출되어 전체 효율화가 안 되므로 전체를 「흐름화」할 필요가 있다.

생산 공장의 효율화란, 개선에 의해 현장이 극적으로 바뀌고 생산성이 비약적으로 향상되는 것에 다름 아니다. 흐름화된 공정은 빨리 간소화된 흐름이 된다. 그 공정에서 낭비에 착안해 낭비 배제를 철저히 해 가면 코스트를 획기적으로 내릴 수 있게 된다. 도요타 생산방식의 구도를 종합한 〈그림 1-1〉을 참고하기 바란다.

1-4 / 스텝식 체크리스트법의 탄생

도요타 생산방식에 관한 책을 읽고 강연회에서 얘기를 들으며 이해는 하는데, 현장에 그것을 적용하는 것이 어렵고, 실제로 전개한다 해도 어떻게 해야 좋을지 모르는 경우가 많다는 것은 앞에서 언급했다. 그렇기 때문에 지도자나 컨설턴트로부터 지도를 받게 된다. 개선을 하기 때문에 당연히 어느 정도의 효과는 오르겠지만 그것이 전체적으로 극적이며 비약적이라고는 말할 수 없다. 이런 현실, 이런 고민을 어떻게 해서든지 해결할 수 없을까 하고 오랜 세월에 걸쳐 현장에서 실험적으로 진행하면서 결론에 도달한 것이 이 방식이다.

왜 본래의 도요타 생산방식 전개는 이렇게 하기가 어려운 것일까?

그것은 다른 관리 기법의 대부분은 전개의 단계가 있고, 그 단계별 구체적 절차나 포맷이 정해져 있어, 그에 따라 해나갈 수 있도록 되어 있기 때문에 느끼는 차이가 아닐까?

도요타 생산방식은 이런 점 때문에 사람에 따라 진행 방법이 다르다. 도요타 생산방식의 대상은 물건 만들기에 관한 것인데 구체적으로는 작업, 공정이나 설비, 치공구, 생산관리의 개선이 주체다. 또한 품질 불량이나 고장 대책 등 라인에서 발생하는 문제점의 개선도 빠뜨릴 수 없다.

게다가 각 공장은 입지 조건이나 규모가 전혀 다르고 취급하는 제품, 부품, 재료도 천차만별이고 공법이나 설비도 전혀 다르다. 라인의 타입도 조립 공정처럼 부품이 조금씩 모여서 하나의 제품이 되는 형태가 있고, 반대로 큰 재료에서 점점 작아져 여러 가지 품종의 제품으로 만들어지는 형태도 있다. 따라서 다른 수법처럼 같은 방법으로 하기 어려우므로 일품요리를 만드는 방법과 같이 전개될 수밖에 없지 않을까?

도요타 생산방식의 수법과 포맷으로는 표준작업에 관한 「공정별 능력표」, 「표준작업 편성표」, 「표준작업표」 소위 3점 세트만이 있을 뿐이다(그래서 세미나, 연수에서는 단지 여기에 집중해서 실습한다. 그러나 이것은 조립 공정, 마무리 공정이나 부품 등의 가공 공정에서는 위력을 발휘하지만 프레스나 열가공 등의 설비를 활용해 물건을 만드는 공정에서는 적용하기 어려운 면이 있다).

그래서 이 방식은 물건을 만드는 대부분의 공장에서 누가 하더라도 언제나 같은 절차로, 같은 사고방식으로 게다가 빠짐없이 전체 개선을 진행할 수 있도록 연구를 한 것이다. 이 방식의 개선 진행 방법은, 찾아낸 문제점을 고쳐 가는 종래의 방법을 취하지 않고, 어디까지나 이상적인 생산의 전체상을 그리고 그 실현을 지향하는 방법을 하고 있다. 이렇게 함으로써 획기적인 성과를 추구하는데, 여기에는 도달하는 프로세스가 중요하다. 따라서 이 개선 활동을 하고 있는 가운데 지금 어디까지 했는지, 어떤 수준에 도달했는지를 파악할 수 없다면 무엇 때문에 지금 개선을 하고 있는

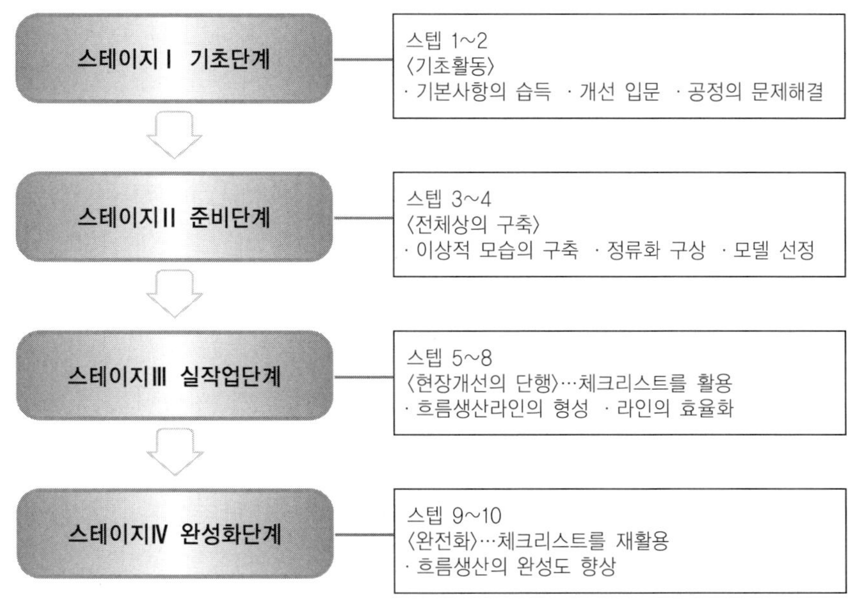

[그림 1-2] 활동의 전체상

지 그 방향성을 잃어버리게 된다. 때문에 프로세스의 전체상을 파악해 두는 것이 매우 중요하다.

이 방식에서는 이런 것을 용이하게 파악할 수 있도록 활동의 전 일정을 4가지 스테이지, 10가지 스텝으로 구분했다.

즉, 스테이지는 I 기초단계, II 준비단계, III 실작업단계, IV 완성화단계의 4가지로 구분하고, 각각의 스테이지에서 실시하는 스텝을 전체 10항목으로 했다. 덧붙여 스테이지 I, II, IV에서는 각 2스텝이 있고, 스테이지 III은 4스텝으로 되어 있다. 스테이지, 스텝에 관해서는 다음 장 이후에 설명하는데 전체상을 간단히 그리면 〈그림 1-2〉와 같다.

여기서 이 방식의 가장 두드러진 특징은 현장 개선의 실시단계(스테이지 Ⅲ~Ⅳ)에서 체크리스트를 활용하는 점이다. 게다가 이 체크리스트는 단지 필요한 항목을 나열한 것이 아니고 최초 항목부터 순서대로 실행해 가면, 개선이 절차를 밟아 전개되며 진행되도록 설계했다.

즉 앞서 말한 것처럼 도요타 생산방식에서 가장 효율적인 물건 만드는 방법은 「흐름 생산」이므로 우선 공정을 흐름의 형태로 만들기 시작한다. 형태가 만들어지면 거기에 「흐름」이 되도록 하는 「체계」를 넣는다. 이 「흐름화」의 개선에서는 구체적으로 「흐름화」, 「눈으로 보는 관리」, 「표준작업」에 착안해 이것들을 테마로써 순차적으로 실행한다. 이렇게 흐름 생산이 되면 비로소 효율화에 들어간다. 「흐름화」를 추구하는 이유는 「흐름」의 모습이 만들어지지 않은 상태에서 제멋대로 능률을 올리는 개선을 해봐야 사상누각처럼 약간의 상황 변화에도 무너져 버리기 때문이다.

이 효율화를 진행하기 위한 체크리스트의 테마는 도요타 생산방식에서 말하는 7대 낭비의 측면에서 썼고, 여기에서도 단지 단순하게 낭비를 발견해서 닥치는 대로 고쳐가는 방법이 아니고, 그 순번에 의미가 있다.

이처럼 특히 본 방식의 중심이 되는 공장 현장의 실제 개선 스테이지 Ⅲ에서는 실시해야 할 일을 체크리스트의 형태로 정리함으로써 해야 할 일을 알게 되고, 확실하게 실시해 실시상황을 체크·판정할 수 있도록 만들었다. 이 체크리스트는 이제부터 본격적으로 도요타 생산방식을 실행하려는 곳에서는 매뉴얼이 되고, 이미 전개하고 있는 현장에서는 지금까지 해 온 것 중에 필요한 것은 했는지, 어느 수준에 있는지 등의 체크·판정에 활용할 수 있다. 이 스테이지 Ⅲ에서의 개선의 흐름을 그리면 〈그림 1-3〉과 같다. 또한 스텝식으로 전개해 체크리스트를 활용하는 것이 이 방법의 특징이므로 이 방법을 '스텝식 체크리스트법'이라고 부르기로 하자.

체크리스트에 관해서는 5장, 6장에서 자세히 기술하기로 한다.

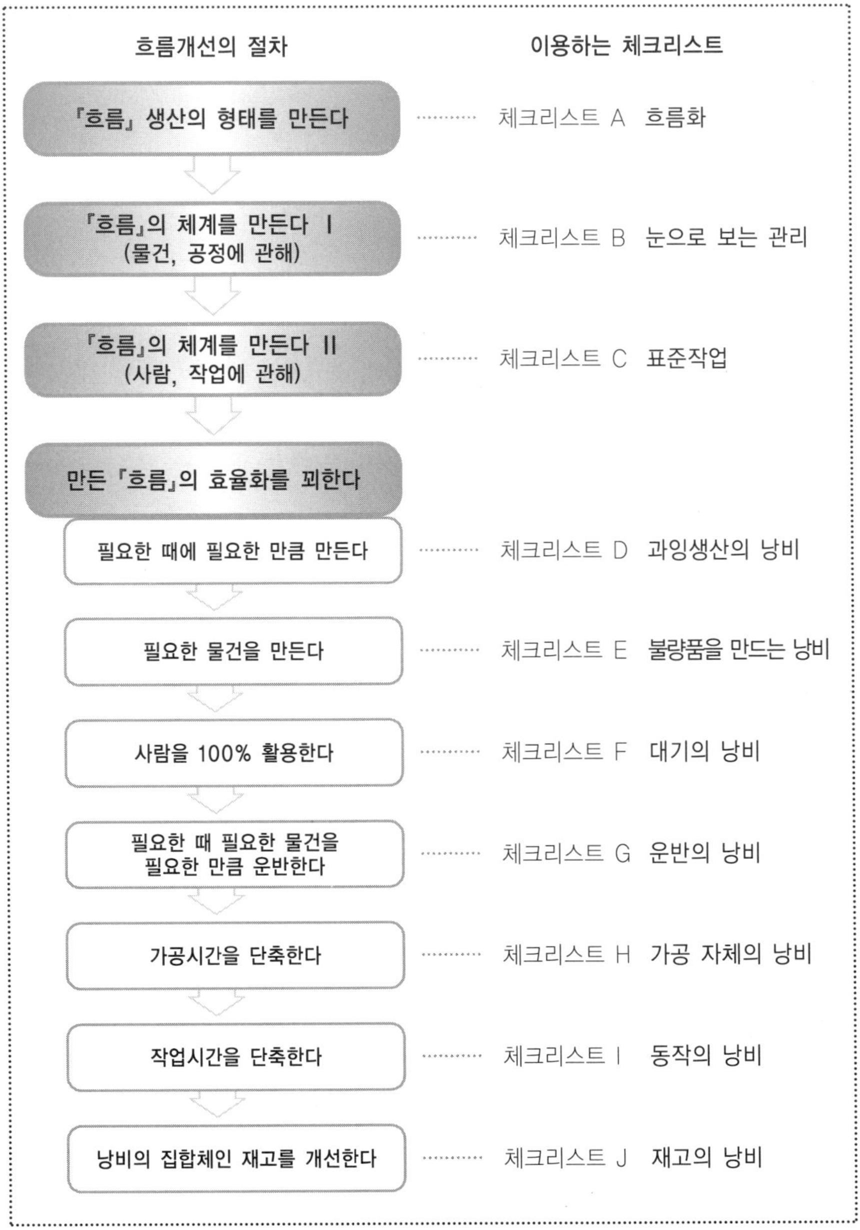

[그림 1-3] 체크리스트에 의한 흐름개선의 절차

제2장
스텝(Step)식 전개

앞장에서 설명한 것처럼 도요타 생산방식이 지향하는 것은 효율화다. 그것은 라인 전체, 공장 전체, 기업 전체의 효율화다. 가장 효율적인 생산의 모습은 '저스트 인 타임'과 '인변 자동화'이며 그 구체적인 형태가『흐름생산』이다.

그래서 도요타 생산방식의 구체적인 전개는「흐름화 라인」을 만드는 것이다. 모든 라인을「흐름」이 되도록 만든다. 라인이「흐름」이 되고 나면 재료 준비에서 제품의 포장 출하까지 모든 공정이 언제나 일정한 속도로 막힘없이 물건을 만들어 갈 수 있도록 해야 한다. 그러기 위해서는 우선「흐름」의 형태를 만들고「흐름」을 방해하는 제반사항을 하나씩 제거해 아무런 장해도 없는 평탄한「흐름」으로 만들어야 한다. 그 위에 라인에서 가장 효율적인 공수의 배분을 해 가면서「소인화(少人化)」로 한다. 여기서「소인화」란 생산량의 변동에 따라 언제나 사람을 증감해 같은 수준의 생산성을 유지할 수 있는 라인으로 만들어 가는 것이다. 때문에 단순히 사람을 줄이는 생인화(省人化)와는 의미가 다르다. 이 라인을「몇 사람이 되더라도 (생산)할 수 있는 라인」이라고 하는 곳도 있다.

「흐름」의 생산태세를 만들기 위해서는 생산의 전체적인 모습, 공장 전체를 잘 보고「흐름」이란 무엇인가,「흐름」에서 필요한 것은 무엇인가에 대해 철저히 파악해 작업을 하지 않으면 좀처럼 진정한 흐름이 되지 않는다.

단지 막연하게 물의 흐름처럼 끊임없이 같은 속도로 하려 해도 손대기 어렵다. 도요타 생산방식에서 말하는「흐름공정」이란 어떤 모습을 말하는 것일까. 앞의 〈그림 1-1〉 도요타 생산방식의 구도에서도 나타냈지만 다음과 같은 6가지 항목이 갖추어졌을 때에 성립이 된다.

① 공정 순으로 설비를 배열한다(설비는 그 라인의 전용으로 한다)

② 라인에는 한 개씩 물건을 흘린다(한 개씩 만든다)

③ 어느 공정이나 같은 속도로 물건을 만든다(라인안의 막힘을 없앤다)

④ 작업자는 다공정 담당을 시킨다(라인 내에서 종(縱)담당을 시킨다)

⑤ 작업자를 다기능공화 한다(종(縱)담당을 할 수 있도록 작업훈련을 시킨다)

⑥ 작업자는 서서 하는 입식작업으로 한다(몇 군데의 공정간을 걷도록 한다)

그러나 형태가 흐름라인이 되었다 해도 「흐름」이라는 기능을 갖추지 않으면 「흐름생산」이라 말할 수 없다. 거기에는 우선 「흐름」의 형태를 만들고 생명을 불어넣어 형태와 기능을 유지해 가야 한다. 그것을 더욱 향상시켜 가려면 강한 의식(마음가짐)과 상응하는 지식 그리고 많은 에너지를 필요로 한다. 따라서 공장 전체를 「흐름화」하고자 한다면 상당한 공수와 시간을 필요로 한다.

그래서 이 스텝 전개에서는 스텝을 따라서 한 단계씩 실시할 수 있는 단계와 전개 내용을 구체적으로 나타내고 있다. 현장에서의 실행 스텝에서는 실시 항목을 구체적으로 체크리스트로 나타내어 하나하나의 개선 절차와 내용을 파악할 수 있도록 연구는 했지만 그것만으로도 상당한 작업량이 되어 곤란에 빠질 수도 있다.

따라서 이 활동을 성공시키고자 한다면 일상 업무 안에서 소화시키려 해서는 어려울 것이다. 그만큼 별도의 태세를 갖출 필요가 있을 뿐만 아니라, 실행하는 것은 사람이며 조직이기 때문에 실시에 앞서 반드시 다음과 같은 요건이 필요하다.

1. 최고경영자가 의지를 나타낼 것. 그에 따라 조직 전체가 목표를 향해 실행하는 전사 활동으로 할 것(제조 부문뿐 아니라 기술, 보전, 생산기술, 품질관리, 외주, 영업 등의 전 부문이 참가)

2. 활동 조직을 재구축할 것. 가능하면 전문팀을 만드는 것이 바람직하다. 그 안에서 중심이 될 인재가 필요하다

3. 조직의 의사결정은 언제나 원리 원칙에 충실할 것. 그 위에 현상과의 조화를 생각하는 것이 중요하다

4. 개선은 니즈에 근거할 것. 결코 개선 놀이를 하는 것이 아니다. 니즈가 있어서 하는 것이므로 시작한 개선은 반드시 달성해야 한다. 끈질기게 포기하지 않고 반드시 해낸다는 기풍을 만들 필요가 있다

도요타 생산방식에서 말하는 니즈란 「정해진 대로 진행이 안 될 때」라고 할 수 있는데, 그 중에서도 특히 강조되는 것은 「물건이 순조롭게 흐르지 않을 때」이다. 예를 들면 작업지연, 자재결품, 순간정지, 순간트러블, 불량, 잘못된 정보 등이 발생한 때다.

2-2 / 전개의 스텝

앞에서 말한 것처럼 이 방식에서는 모든 개선의 전 과정을 4가지 스테이지로 나누었고, 스테이지는 진도 수준을 나타내고 있다. 이 스테이지마다 실시항목이 정해지고 전부 10개 항목으로 되어 있다. 각각을 스텝으로 했다. 결국 10스텝이 된다. 이런 결과를 표로 나타낸 것이 〈표 2-1〉 스텝식 체크리스트법에 의한 실시 스텝이다.

[표 2-1] 스텝식 체크리스트법에 의한 실시 스텝

스테이지	스텝 No	항 목	설 명
I	1	개선 입문	• IE의 기초적 개선을 습득해 실천한다 • 조립·마무리 공정의 한 개 흘리기 • 종담당화 및 '表' 준작업에 의한 개선을 한다
	2	생산상의 문제해결	• 현재의 문제를 추출해 대책을 세워둔다 예를 들면, 기계고장, 품질불량, 부자재조달의 미숙, 준비교체의 미숙 등
II	3	이상적 모습의 구축	• 가장 효율적인 생산의 모습을 그린다 상세 내용은 「3장 생산의 이상적인 모습의 구축」에서 설명
	4	정류화(整流化)	• 정류화의 구상과 모델라인의 설정 상세 내용은 「4장 정류화와 모델라인」에서 설명
III	5	흐름공정 만들기 (흐름생산의 형태를 만든다)	• 스테이지 III에서는 체크시트를 활용한다 • 우선 흐름공정을 형성한다(흐름 6항목의 정비) • 후공정인수생산(간반생산)으로 한다
	6	눈으로 보는 관리 (흐름의 체계(물건, 공정)를 만든다)	• 이상에 의한 관리의 구축, 이상의 재발 방지 • 물건의 적치장소, 적치방법의 정리, 5S • 간반운용의 충실, 눈으로 보는 관리의 도구 정비
	7	표준작업 (흐름의 체계(사람,작업)를 만든다)	• 표준작업의 재검토와 개선 • 생산관리판 등의 도구 정비와 체계의 개선 • 표준작업화가 곤란한 작업의 표준화
	8	낭비의 배제 (만든 흐름을 효율적으로 한다)	• 7대 낭비의 철저한 개선 상세 내용은 체크리스트 및 해설을 참조 • 스테이지 III은 정류화된 모든 라인에 반복 실시
IV	9	보다 높은 수준	• 전체 공정의 흐름생산화가 만들어진 시점에서 이 스테이지로 들어간다 • 체크리스트를 재활용한다
	10	완성화	• 생산의 이상적 모습에 가깝게 해 완성도가 높은 라인으로 만들어간다 • 체크리스트를 재활용한다

* 굵은 선 안에서 체크리스트를 사용한다.

스테이지 I 은 기초 활동이다. 아직 「도요타 생산방식」이나 「현장 개선」에 익숙하지 않은 사람들이나, 전혀 개선되지 않은 공정을 개선하려는 사람들은 여기서부터 시작한다.

또한 지금까지 개선을 해오기는 했으나 아직은 자신이 없고 문제가 많이 남아있다고 생각되는 사람들도 여기서부터 시작하는 것이 좋을 것이다. 이 방식은 앞에서도 말한 것처럼 전체의 효율화를 지향하는데, 그를 위한 기초적인 현장 개선 능력은 반드시 필요하다.

우선 공정 개선이나 작업 개선, 설비 개선에 익숙해지는 것이 나중에 개선의 속도를 빠르게 하고 더 큰 성과를 내게 된다. 따라서 초심자는 손대기 쉬운 작고 부분적인 공정의 개선에 우선 착수해 실력을 쌓아 가는 것이 좋을 것이다.

우선은 작은 개선을 몇 군데 해보는 방법이 좋다. 이런 개선의 대상 공정은, 도요타 생산방식의 개선 수법 중 가장 기본적인 '공정을 한 개 흘리기로 하여 표준작업화하고 작업 개선을 해 생산성을 올려간다' 고 하는 방법을 실행하기 쉬운 조립 공정에 먼저 적용하는 것이 좋다.

이렇게 함으로써 도요타 생산방식의 기본 수법을 익히게 되고, 그 후 체크리스트에 의한 전체 개선에 들어갔을 때 크게 도움이 되기 때문이다.

또한 대상 공정에서 때때로 문제(예를 들면 고장이 많다, 불량이 많다, 부품 결품이 자주 발생한다 등)가 발생하는 경우에는 아무리 「흐름」의 공정을 만들어도 흐를 수 있는 생산이 안 되기 때문에 사전에 이런 문제에 대한 대책을 강구해 두어야 한다.

작업이나 공정, 설비의 작은 개선, 불량대책, 고장대책, 순간트러블, 순간정지도 가능한 많이 짧은 시간에 기한을 정해서 실행하는 것이 좋을 것이다. 준비교체의 단축도 해 두자. 이렇게 해서 개선에 익숙한 마인드를 육성함으로써 가능한 한 트러블이 적은 공정으로 해 두는 것이 향후 전개가 잘 되도록 하는 것이다.

스테이지 Ⅱ는 공정의 「흐름화」를 위한 실작업에 들어가기 전의 준비단계다. 이제부터 진행할 개선의 전체상을 구축하기 위한 것이다.

그동안 현장 개선을 꽤 해온 사람들이라면 여기부터 들어가는 것이 좋다. 여기서는 우선 생산의 이상(理想)이란 무엇인가, 그 모습은 어떻게 되어 있어야 좋은가에 관해 생각하고 이야기를 나눠보자. 그리고 이 개선을 통해 최종적으로는 어떤 모습에 이르러야 하는지에 대한 이미지를 그려보자. 그에 따라 향후의 개선 방향성과 도달점이 명확하게 된다.

그 다음은 이 이미지에 근거해 실행하려는 대상 공장이나 제품(품종)에 관한 정류화(整流化) 구상을 세우자. 정류화 구상에는 몇 개의 라인을 생각해볼 수 있을 것이다. 그 중에서 한 개의 라인을 모델라인으로 설정해 이 라인에서 스테이지 Ⅲ의 개선을 진행한다.

이 라인의 개선이 끝나면 또 다음 모델라인을 정해 마찬가지로 개선을 진행한다. 이렇게 해서 전체 라인의 개선을 한다.

정류화 사상의 스텝은 대단히 중요하다. 이것을 확실히 해 두지 않으면 개선을 거듭해 잘 되어가고 있다고 생각해도 약간의 상황 변화가 도중에 발생하면 원위치로 되돌아가든지, 포기하게 될 위험에 직면하게 된다.

그래서 이 스테이지의 스텝3 「이상적 모습의 구축」과 스텝4 「정류화」에 관해 각각 다음의 3장 및 4장에서 자세히 설명한다.

스테이지 Ⅲ는「흐름생산화」를 위한 현장 개선의 실작업 단계이다. 이 스테이지에서 이 방식의 특징인 체크리스트를 활용해 한 항목씩 차근차근 실시하게 된다.

지금까지 현장 개선도 상당히 해왔고 정류화도 할 수 있다는 사람들은 이 스테이지부터 들어가도 좋을 것이다. 이 스테이지에는 4가지 스텝이 있는데 맨 처음 스텝5에서는 우선「흐름생산」의 형태를 만든다. 형태가 만들어지면 다음 스텝6~7에서「흐름」의 체계를 만든다. 만들어진 형태에 혼을 불어넣게 되는 것이다. 스텝6에서는 물건(재료, 중간제품, 제품, 부품 등)이나 공정(설비, 치공구, 간반, 게시물, 이상처치 등)에 관해, 스텝7에서는 사람과 표준작업에 관해 확실하고 이상적인 흐름라인이 되도록 준비하는 일에 착수한다. 그리고 마지막 스텝8에서는 이렇게 만들어진 흐름라인을 7대 낭비 측면에서 효율화를 추구해 간다. 7대 낭비란 이미 도요타 생산방식에 관한 여러 문헌에서 나왔으므로 자세한 설명은 생략하겠으나 다음 7가지의 낭비를 말한다.

① 과잉생산의 낭비
② 불량품을 만드는 낭비
③ 대기의 낭비
④ 운반의 낭비
⑤ 가공 자체의 낭비
⑥ 동작의 낭비
⑦ 재고의 낭비

지금까지의 도요타 생산방식의 개선에서는 이런 7대 낭비에 관해서 현장에서 발견되는 대로, 생각나는 대로, 어느 항목부터라도 실행하는 방식으로 진행했다. 그러나 여기에서는 이 개선의 순번에 의미를 둔다. 먼저 ①에서는 「필요할 때 필요한 만큼 만든다」는 것이 된다. 마찬가지로 ②는 「필요한 만큼」만든다. 이를 위해서는 불량을 철저히 없애고 100% 양품을 만들도록 한다. 그 위에 ③에서 대기의 낭비를 없애 사람을 100% 활용할 수 있게 해서, ④에서 필요할 때 필요한 물건을 필요한 만큼 운반할 수 있도록 만들어 간다. 계속해 ⑤에서 가공 시간, ⑥에서 작업 시간의 단축에 들어간다. 종래의 개선에서는 시간을 짧게 하는 것이 개선의 주테마가 되어 경쟁하듯이 시간 단축을 해왔다. 그러나 이 방식에서는 우선 라인을 확실하게 정비하고 나서 시간 단축에 들어감에 따라 그 효과를 안정적으로 지속시켜 갈 수 있도록 하였다. 마지막으로 ⑦에서 재고가 많은 곳에 손을 써야 한다. ①에서 ⑥까지의 낭비 개선으로 라인은 상당히 효율적으로 되었을 것이다. 그 결과 재고는 극단적으로 줄었을 것이다. 그러나 여기까지 왔어도 아직 재고가 있다는 것은 라인을 만든 방법이나, 운영 방법, 체계의 미숙 등 어딘가에 문제점이 남아 있기 때문이다. 결국 재고는 라인 안의 낭비가 모여서 만들어진 것이다. 그래서 재고를 포인트로 문제점을 좁혀 보다 효율적인 라인으로 만드는 것이다.

이 단계에서 사용하는 체크리스트는 6장에서 설명하지만 체크하는 각 항목의 의미나 해석, 또 실시하는 내용이 이해되지 않으면 체크도 할 수 없다. 여기서 각 체크 항목에 관해 해설도 붙여둔다.

이 해설은 무엇 때문에 그렇게 하는지, 어떻게 해야 하는 것인지에 대한 힌트를 제공한다. 이를 이용해 현장에서 스스로 궁리하면서 개선을 해서 흐름을 만들어 가기 때문에 하고 있는 일의 의미도 이해하기 쉽고 철저한 진행도 가능할 것이다.

체크리스트를 사용함으로써 전원이 같은 눈높이로 바라볼 수 있고 목표도 맞출 수 있다. 가능하면 해설은 체크를 시작하기 전에 읽고 이해해 두는 것이 좋지만, 개선 도중이라도 의문이 날 때에는 다시 읽어보기 바란다. 경험을 쌓아갈수록 읽는 방법, 이해의 방법도 변화되어 더 새로운 힌트를 얻을 수도 있을 것이다.

그런데 이 개선의 효과는 여러 가지가 복잡하게 얽혀서 복합적으로 나오므로 개선 항목을 스텝에 따라 완전히 구분한다는 것은 상당히 어렵다. 1장에서 도요타 생산방식의 기본 이념과 실천 수법의 연결이 잘 안 되고 절차의 전개가 안 보인다고 말했다. 그것은 그 발전 과정에서의 접근방법에도 문제가 있겠지만 생산 결과는 복합적이며, 그 모든 것에 관해 낭비 배제라고 칭하면서 여러 가지 일에 동시에 손을 대는 방법에도 원인이 있는 것은 아닐까.

이 방식에서는 체크리스트로 개선해야 하는 항목으로서, 각 스텝으로 나누어 절차를 표준화했다. 도중에 지금까지 해온 항목이 다시 나오든지 앞으로 되돌아가서 체크하는 일도 있을 것이다. 이 스테이지의 체크리스트와 사용 방법에 관해서는 5장 「체크리스트의 활용」에서 설명하기로 한다.

스테이지 Ⅳ는 스테이지 Ⅲ까지 진행하여 전 공정에 걸쳐서 「흐름생산화」가 상당히 진전되고, 형태도 정비되어, 체크리스트에 의한 개선도 대체로 진행되었을 때에 들어가는 마무리 단계다. 그 방법으로서 스테이지 Ⅲ의 체크리스트를 다시 활용해 남겨진 일, 불충분한 일을 추출해서 개선을 거듭하여 완성도를 높인다. 이 작업을 2회 행한다. 이 단계에서 다시 한번 스테이지 Ⅱ로 돌아가 재구상함으로써 보다 높은 목표를 정해 실행하다보면 보다 이상에 가까워지게 된다.

이 수준에 도달하면 동종업계 타사뿐만 아니라, 전 세계의 경쟁사 중에서 물건 만드는 방법에 관해서는 압도적으로 유리한 위치가 된다. 흔히 도요타의 개선을 칭하듯이 '마른 수건을 다시 짜는' 수준인 것이다.

이처럼 스텝식으로 전개함으로써, 왠지 파악하기 어렵고 막연했던 개선의 이상적 모습과 방향성이 확실해진다. 특히 공정의 모습을 흐름화시켜 그곳에 존재하는 모든 낭비를 추출해서 슬림화해가는 도요타 생산방식의 독특한 방법이 보다 선명해질 것이다. 이렇게 함으로써 라인의 효율이 높아지고 기업 전체의 효율이 향상되어 타사를 능가할 수 있게 된다. 활동은 힘들지만 방향과 방법을 구체화해 두었으므로 부디 착실하게 실행하기를 바란다.

제3장
생산의 이상적인 모습 구축

생산 전체를 개선하는 데는 자신들이 그린 전체적인 모습을 갖고 있지 않으면, 개선 도중에 그 방향을 잃어버릴 수 있다. 그래서 생산현장에서 전체가 효율적이란 것은 어떠한 모습을 지향하는 것인지를 자신들 나름대로 이미지화시킬 필요가 있다.

실제 현장의 모습을 이런 이미지화된 모습으로 항상 머릿속에 그리면서 개선을 진행해 가지 않으면 그 개선은 형상화가 목적이 되거나, 개선 자체가 목표인 '개선을 위한 개선'에 빠져버릴 수도 있다.

이런 이미지화된 생산의 모습이 '이상적인 모습'이다. 이상적인 모습이란 도달해야 할 최고의 모습인 것이다.

그래서 개선에 임하는 사람들이 철저한 논의를 통해서 자신들이 가장 이상적이라고 생각하는 최고의 모습을 구축한다. 무엇을 목표로 어떠한 모습을 지향해 갈 것인가를 논의함으로써 이 개선의 의의에 대한 이해가 깊어지고 확실하고 보다 커다란 목표를 세울 수 있다. 이를 통해 커다란 효과를 기대할 수 있게 되는 것이다.

그런 다음에 체크리스트로 현실적인 체크를 함으로써, 개선에 들어가기 전 스텝 3에서 '이상적인 모습의 구축'을 하게 되는데, 다음에 제시하는 생산의 '이상적인 모습'의 예를 참고하기 바란다.

■ 생산의 이상적인·모습

a. 수주 정보가 실시간으로 제조라인에 흘러들고 이를 기초로 제조되며 출하할 수 있기 때문에 제품 재고는 거의 없다.

b. 극단적으로 짧은 리드타임(1개당 정미가공시간에 가까운 리드타임)을

실현하여 양의 변화, 품종의 변화에 곧바로 대응할 수 있는 생산태세
가 되어 있다.

c. 재공 재고는 제로에 가깝다. 다품종 소량생산이 마치 동일품종을 대
량생산하고 있는 것과 같이 이루어지고 있다.

d. 정류화가 진행되어 언제나 고른 생산이 되고 있어 업계 최고 수준의
매우 높은 생산성을 보유하고 있다.

■ 공정의 이상적인 모습

e. '눈으로 보는 관리'가 가능하도록 여러 가지 시스템과 장치에 대한
연구가 이루어져 있어 이상이 있을 때는 신속한 발견과 대처가 가능
하도록 되어 있다.

f. 생인화, 소인화가 진행되어 효율적으로 인원이 배치되어 있다

g. 항상 택트타임의 속도로 생산이 진행되고 있어 안정된 조업을 유지
할 뿐 아니라 과잉생산이나 과소생산이 없도록 관리체제(시스템, 장
치, 생활화)가 갖추어져 있다.

h. 『물건』을 흘리는 방법은 한 개 흘리기를 원칙으로 하고 있고 동기화
되어 있어 중간의 재공도 전혀 없는데, 한 개 흘리기가 어려운 장치
형 라인은 극히 작은 로트생산으로 되어 있다.

i. 이를 위해 후공정인수(Pull System) 생산이 되도록 하고, 원칙적으
로 간반에 의해 운영되도록 한다. 전 공정에 걸쳐 「흐름」이 유지되도
록 한다.

j. 준비교체 시간의 단축화로 로트생산설비에는 싱글준비교체, 조립·
가공·마무리 공정 등에서는 1사이클 순차 준비교체가 일반적이다.

k. 조립·가공·마무리 등의 공정에서도 인변 자동화가 되어 있어 집단

화, 착착방식화, No Work Full Work화(AB제어)가 일반화되어 있다.

l. 공정상의 품질불량, 공급자재의 불량, 설비의 고장, 순간정지, 순간 트러블 등의 대책, 철저한 재발방지책 등으로 이에 따른 문제 발생이 거의 없다.

m. 외주처·조달처에 대한 정보 전달, 협력회사에 대한 확실한 지도와 함께 그 체제도 확립되어 있어 자재가 결품되는 일 없이 저스트 인 타임(JIT)으로 공급된다.

■ 직장의 이상적인 모습

n. 공정 또는 그 주변에 물건 적치 방법·적치 장소가 확실히 정해져 있어 여분의 물건은 전혀 없고, 5S가 전체적으로 실행되어 설비, 비품, 바닥 등이 더러움이 없으며 환경문제도 없고 언제나 깨끗한 공장이 유지되고 있다.

o. 작업의 표준화가 전 공정에 걸쳐서 정비되어 작업은 표준작업대로 진행되며, 리드미컬하고 약동감이 넘쳐흐르며, 낭비 없는 움직임을 하고 있다.

p. 이를 위해 작업자를 훈련시켜 다기능공화 시킴으로써 높은 수준의 기능 집단이 되어 있다.

q. 관리·감독자의 의식이 높아 항상 높은 수준의 유지와 보다 높은 수준에의 도전이 이루어지고 있다.

r. 전사적으로 개선 의욕이 높고 종업원의 개선 제안도 활발하다.

생산의 궁극적인 이상은 'No Time, No Cost' 에 있다.

생산성을 극한까지 높인다는 것은 No Time을 달성한다는 것이다. 그래서 높은 생산성을 추구하는 도요타 생산방식에서는 No Time을 달성하면 No Cost가 된다고 생각하고 있다.

No Time이란 리드타임을 극한으로 줄여서 리드타임(Lead Time)이 제로가 되었을 때의 상태이다.

따라서 도요타 생산방식에서는 리드타임 단축이 절대명제이다. 그러나 리드타임을 제로로 한다는 것은 현실적으로는 불가능하기 때문에 리드타임을 정미가공시간(正味加工時間 : 낭비가 존재하지 않은 시간)에 가까워지도록 노력하는 것이다.

그런 사고방식이 저스트 인 타임이고 그 구체적인 모습이「흐름생산」이다. 이와 같은 개선의 진행 방법을 일반적으로 연역적 수법(演繹的手法)이라고 한다. 문제해결의 접근은 크게 2가지로 구분한다.

하나는 연역적 접근이고, 다른 하나는 귀납적 접근이다. 연역적 접근은 디자인(설계적) 접근이라고도 하는데, "현상에 집착하지 않고 시스템의 기능이나 목적이 무엇인가를 명확히 해서 그 최적의 시스템을 만들게 하는 것이다."(경영공학용어사전 : 일간공업신문사)라고 정의할 수 있다.

이런 종류의 대표적인 관리기법으로 VA라든가 Work Design 등이 있는데, 도요타 생산방식도 이것에 속한다고 말할 수 있다.

한편 지금까지 QC수법으로 대표되는 귀납적 접근은 분석적 접근이라고 하는데, "사상(事象)을 관찰 · 분석하여 부분으로부터 전체를 관찰한다. 다시 말하면 현상 파악에서 출발하여 개선을 중심으로 한다"는 것이

다. 어느 쪽이든 문제해결에는 유효하겠지만 문제가 일어나는 방법, 문제
제기의 방법에 따라 구분해 쓰는 것이 중요하다. 여기에서는 구체적인 설
명은 생략하겠지만 전체적인 효율화를 지향하는 개선에는 연역적 수법이
보다 유익할 것이다.

사실 도요타 생산방식에서의 개선 진행 방법은 이상적인 모습을 그리
고 그 실현을 향해 가는 실행 방식이다. 이것은 기존 방식의 개선처럼 문
제점을 찾아내어, 그것을 해결해 감으로써 '당연한 모습'으로 되돌리는
방법과는 다르다.

도요타 생산방식에서는 '낭비의 배제'라는 말이 자주 나오는데, 그것은
생산에서 사람이나 기계나 모든 경영자원이 부가가치를 높이는 일만 함으
로써 전혀 낭비가 없는 상태인 이상적인 모습에 가까워지도록 노력하는 것
을 의미한다. 낭비라는 나쁜 요소를 발견하여 그것을 퇴치하고 원래의 모
습, 당연한 모습으로 되돌리는 것과는 사고방식이 근본적으로 다르다.

이 방식에서 말하는 '이상적인 모습'이란, 다른 경영관리 서적들에 나
오는 '당연한 모습'과는 취지가 다르다.

'당연한 모습'이란 객관적으로 생각해 낸 모습이지만 '이상적인 모습'
이란 개선을 담당하는 사람들 자신이 생각해 낸 모습이다. 이것이 종래의
'당연한 모습'을 지향하는 것과 다른 점이다.

'당연한 모습'을 지향하는 활동은 원래의 정상적인 상태로 되돌리는 것
을 말하는 경우가 많다. 이것만으로는 그 영역에 도달하여 나쁜 요소는 해
소되더라도 본래의 모습으로 되돌리는 것일 뿐 '진보했다'고 말할 수는
없다.

이에 반해 '이상적인 모습'은 현재 단계에서 자신들이 생각할 수 있는
최고의 상태를 생각한 것이기 때문에 현재 희망할 수 있는 최고 수준을 목

표로 하는 것이라 할 수 있다. 개선을 진행해서 '이상적인 모습'에 가까워지면 다음 단계의 '이상적인 모습'이 보이고 또 그것을 향해 도전해 가는 것이다. 그것은 높은 산에 오를 때 정상이 보여서 정상을 향해 열심히 올라 정상에 도달하면 또다시 그 다음의 정상이 보이는 경우와 비슷하다. '개선은 영원하다'는 것이 바로 이런 이유다.

이 방식은 스테이지에 따라 스텝 전개 순서를 쫓아 진행해 가다보면, '이상적인 모습'에 가까워질 수 있도록 구성되어 있다.

즉, 우선 개선에 익숙해지고 공정 내 문제를 가능한 한 제거하는 스테이지 I 을 마무리 한 단계에서 '이상적인 모습'을 구축해서 정류화하고, 흐름공정을 만들어 낭비 배제를 단계적으로 실행해 가는 일련의 작업순서를 명확히 하고 있다.

제4장
정류화(整流化)와 모델라인

- 정류화의 구상
- 모델라인의 선정

평소 생산 활동에 종사하다 보면 '환상적으로 깨끗하고 자동화된 공장이었으면 좋을 텐데...', '생각하는 순간 그대로 만들어져 고객이 요구할 때 곧바로 대응할 수 있었으면...' 또는 '어차피 할 거라면 업계나 세계 최고의 공장이 되고 싶어' 라는 생각을 하는 경우가 종종 있다.

또한 여러 가지 트러블이나 갑자기 발생되는 업무에 쫓겨 다니며, 바쁜 나날을 보내다 보면 직접적인 문제점에 대한 고충이나 불만의 목소리도 많이 나온다.

"교체가 많아 힘들다. 좀 더 준비교체가 편해질 수는 없을까", "불량 조치가 일이 되어 버리고 있어", "생산계획의 변경이 너무 많아", "결품이 많아서 준비교체가 엉망이야", "설계 변경이나 설계 미스 때문에 난리야", "재공이나 재고가 많아서 적치 장소를 찾기도 쉽지 않지"

그래서 이러한 문제가 없이 정연한 생산이 가능한 이상적 공장이란 어떤 모습이어야 하는가에 대해 앞장에서는 '이상적인 모습' 을 생각해 그 이미지를 그려 왔다. 그리고 그 이미지에 부합되는 라인 만들기를 해나가는 것은 공정을 「흐름화」해나가는 것이기 때문에 그 흐름이 몇 개의 라인으로 정리되는가를 검토하여 그 구체적인 모습을 조합해 간다. 이 작업을 정류화(整流化)라고 말한다. 스텝 4는 이 정류화에 대한 단계이다.

정류화란 「물건」이 여기저기 공정에 교착되어 복잡하게 흐트러져서 흐르고 있을 때(이 상황을 난류라 한다) 이를 「흐름」의 형태가 되도록 교통정리해서 정연한 몇 개의 라인으로 고쳐가는 것이다. 모델로 표시하면 〈그림 4-1〉과 같다.

정류화한다는 것은, 사전에 그처럼 공정 설정이 되어 있지 않은 공장에

서는 간단한 것이 아니다. 여러 가지 장해요인이 있어 상당히 무리가 따를
수도 있다. 자신들의 공장은 자동차산업과 달리 품종도 많고, 수주의 변동
으로 평준화가 될 수 없으며, 산업의 형태도 다르기 때문에 될 리가 없다
는 생각도 한다. 그러나 「흐름」으로 하기로 정한 이상은 확실한 결의를 갖
고 그것에 도전해야 한다.

　가령 완전한 「흐름」이 되지 않는다 해도 그 공장에서 가장 이상에 가까
워진 형태로 근접할 수 있도록 노력해야 하지 않을까?

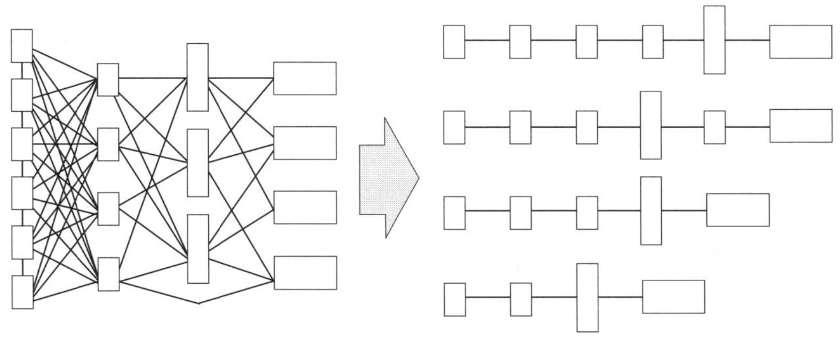

[그림 4-1] 난류에서 정류로

　처음부터 너무 큰 단위로 접근하면 어디에서부터 어떻게 진행해야 좋
을지 판단이 서지 않을 우려가 있다.

　그래서 특히 큰 공장에서 여러 가지 물건을 만들고 있는 경우에는 전체
공장에서 미리 설정된 몇 개의 공정 중 단위공장별 또는 제품군별 단위로
대상 생산 공정군을 선별해 낸다.

　일단, 범위를 정하면 대상 공정의 생산 현황은 어떻게 되어 있고 어떤
것이 정류화에 장해가 되는지를 알기 위해 대략적인 생산의 내용과 생산
공정, 설비의 현황, 제약조건 등에 대하여 조사한다.

그 조사 항목에 대해서는 다음과 같은 것을 생각할 수 있다.

① 생산품목, 품종, 월별생산량, 일별생산량
② 최근의 수주 현황, 앞으로의 제품동향 전망
③ 프로세스 차트 분석에 의한 공정의 흐름 정리
④ 대상 설비(대수, 성능, 생산능력, 생산형태 등) 공장 건물과 설비 배치
 (레이아웃도), 물건과 사람의 흐름선도(Flow Chart)
⑤ 제품의 특징(예를 들면 수주 물품, 계절상품 등), 제약조건, 공장입지 등
⑥ 기술적 네크(Neck), 관리상의 네크, 공정 설정상의 네크
⑦ 조업 현황, 안전 · 환경상의 문제, 노무 문제, 법적인 제한 등

이러한 조사가 마무리되면 그 다음 대상 공정은 몇 개 생산의 「흐름」으로 나눌 수 있는가를 생각하여 최종적으로 이 공장에 가장 적절하고 현실적인 몇 개의 라인 구성이 되도록 정리해간다. 이렇게 「정류화」하는 구체적인 전개 스텝의 모습은 다음과 같다.

① 생산품목의 종류, 생산량, 공정의 흐름 등의 상황을 고려할 때 어떤
 품목(품종)의 라인이 몇 개 필요할 것인가에 대해 대략적으로 정리하
 여 용지에 적어 본다.
② 현재 생산설비의 대수와 능력, 공장의 입지조건 및 생산경로(공정순
 서), 가공방법, 가공조건 등과 현실적으로 그것을 어떤 종류의 몇 개
 라인으로 정리할 것인가에 대해 검토한다. 이 때 생산조건이 똑같은
 것이나 유사한 것은 동일 라인으로 모아서, 라인의 성격(생산품목)과
 그 수를 정한다.

③ 각각의 생산품종을 각 라인에 할당한다. 라인이 복수가 되는 경우에는 생산량의 크기순으로 생산품목을 끼워 넣는다.

④ 이 때 양을 정리한 것은 가능한 한 전용라인이 되도록 배려하고, 적은 양의 것은 가능한 한 조건이 같은 것을 몇 개 모아서 한 개의 라인에 흐르도록 한다(혼류라인). 또한 극소량품, 한정품, 특수사양품, 시작·시험품 등 양도 적고 특수한 것을 양산라인에 흘리면, 교체에 시간이 걸리거나, 양산품의 생산을 방해하기 때문에 재료나 사람, 시간 등의 낭비가 발생하여 납기에 문제가 되고 현저하게 생산성을 떨어뜨린다. 따라서, 이러한 생산에 대응할 수 있도록 특수한 라인(통상은 수작업에 가까운 라인으로 해서 유연성 높은 것으로 한다)을 생각해 둔다.

⑤ 상정된 각 라인에 준비되어 있는 설비를 할당해 간다. 이때 준비되어 있는 설비 대수로는 부족한 경우가 있다. 상정된 라인 수는 확보하는 것이 바람직하므로 가능한 한 부족한 설비를 보충하는 계획을 세워두는 것이 좋다. 가능하다면 대함거포형의 설비는 몇 개의 작은 전용기로 교체하는 것이 바람직한데, 비용 면에서 곤란하거나 상책이 아닐 경우에는 어쩔 수 없이 현재의 설비를 이용한다. 이 경우는 앞의 4항까지 상정한 대로의 라인 편성은 어려워지므로 한번 더 라인 편성을 수정한다.

⑥ 라인 편성의 구상이 끝났다면 그것을 레이아웃도의 프로세스 차트에 표시한다.

이와 같은 정류화 구상의 작업을 진행하는 데 있어서는 엉뚱하게 시간을 낭비하지 않도록 요령껏 잘 정리해 두어야 한다. 이를 위한 도구로는 '정류화 구상 양식 예' 〈표 4-1〉을 참고하기 바란다.

년　　　　월　　　　일

소속명 : ＿＿＿＿＿＿＿

작성자 : ＿＿＿＿＿＿＿

정류화 구상

(대상 공장 또는 대상 제품군)

항　목	기　입					
1. 이상적인 모습의 이미지						
2. 정류화 라인의 프로세스 차트 개요						
3. 각 라인의 생산품목, 생산량개요	라인명	라인의 성격(전용, 혼류, 특수별)	라인에 투입하는 주요 품목 또는 품번	수량 (하루 양)	택트타임 (실택트타임)	인수 (人數)
4. 레이아웃 개요 (라인명, 설비명과 물건의 흐름선 또는 공정순을 나타내는 번호를 기입)	〈현상〉 〈정류화구상〉					

[표 4-1] 정류화 구상 정리의 양식 예

정류화의 단계에서 상정된 몇 개의 라인 가운데 하나를 모델라인으로 정한다. 그 때의 모델라인은 가급적 주력제품 · 다량생산품으로 그 공장에서 아주 일반적인 공정 편성 라인 중에서 고르도록 한다. 개선에 착수하는 것이라고 해서 문제 공정이나 특수한 네크 공정은 모델라인으로서 큰 효과를 기대하기 어렵다. 모델라인은 재료 투입부터 완성품에 이르기까지 모든 공정이 대상이 된다. 그 아웃라인에 대해 〈표 4-2〉 '모델라인의 설정 양식 예'를 참고로 하여 필요항목의 정보를 정리해 두면 된다. 모델 공정의 전 제품, 전 공정의 현상에 대해 가급적 상세하게 조사하여 기입한다. 용지에 다 기입할 수 없을 때에는 별지를 사용하든가, 비율이 작은 제품 혹은 유사한 제품에 대해서는 한꺼번에 기입해도 무방하다.

이 가운데, 항목 8의 목적에 대해서는, 모델라인을 어느 수준까지 끌어 올릴 것인가를 검토하여 이를 목표치로 하여 기입한다. 목표치의 항목은 생산성, 인원수(생인수-省人數), 리드타임 등 그 공정에 적합한 것을 선정하도록 한다.

"목표가 없는 곳에 개선은 없다"는 것은 오노 다이이치의 말이다. 개선은 니즈를 바탕으로 하는 것인데 그 니즈를 수치화한 것이 목표치이다.

또한, 오노 다이이치는 "이치에 맞도록 하는 것이 합리화다"라고도 한다. 이치란 이상(理想)의 이(理)이며, 이론(理論)이나 이유(理由)의 이(理)이기도 하다. 이론(理論)의 이(理)는 많은 경우 숫자로 표시할 수 있다. 이론상 수치로 가능하다는 것은 반드시 실현할 수 있다는 것이 오노 씨의 주장이다. 따라서 여기서 목표치를 정한다는 것은 아주 중요한 작업이라 할 수 있다. 자신들이 되고 싶은 최고의 모습을 숫자로 나타내는 것이다.

하지만, 최고의 모습을 실현한다는 것은 대충해서 가능한 것이 아니다. 흔히 말하는 '피땀 어린 노력'을 필요로 한다. 그러나 도요타 생산방식은 어디까지나 과학이다. 단지 목표를 향해 "힘내"라며 엉덩이를 두드리는 것만으로는 될 수가 없다. 이 엄청난 작업을 어떻게 하면 훌륭하게 완성하여 성과를 낼 수 있을까를 생각하여 임하지 않으면 쓸데없이 헛고생만 하게 된다. 그래서 연구 라인을 특별히 만들어 착수하도록 하고, 이를 모델 라인이라고 이름 붙였다.

모델이라고 하면 일반적으로는 모범이라든지 대표라는 느낌을 받는데 도요타 생산방식에서는 그보다는 선행연구라인이라 할 수 있다. 따라서 모델은 그 공장을 대표하는 가장 일반적이고 가장 생산성이 높은 라인을 선정하는 것이 바람직하다. 이 모델라인을 일정한 수준까지 개선하여 바꿀 수 있다면, 또 다른 모델라인을 정하여 그 개선에 착수한다. 이 경우 모델라인이라고 하기보다 후발적응라인이라고 하는 편이 타당할지도 모르겠다.

년   월   일

소속명 : _________________

작성자 : _________________

주요개선멤버 : _________________

모델라인의 설정

(주 : 1, 2, 8항을 빼고 현상에 대하여 기입해 주십시오)

항 목	기 입				
1. 모델라인의 명칭					
2. 모델라인의 프로세스 차트					
3. 현상의 레이아웃	전 공정(재료부터 출하까지)의 레이아웃과 사람의 움직임을 중심으로 한 조립 · 마무리공정 등의 레이아웃의 상세내용				
4. 공정별 능력조사 (일별)	공정	① 이론상의 생산능력	② 준비교체 (시간＊회수)	③ 그밖의 여유(율)	④ 실제능력 ①－②－③	⑤ 비고 (로트생산 등)

	⊙ 공정별, 품목별로 표시할 필요가 있는 것 등, 기입하기 모자라면 별지에 정리할 것						
	품목 (품종)	수량 (월 또는 일)	가공소요 시간 (1개당)	표준품 환산계수	환산수량	TT	실 TT
5. 생산 품목과 택트타임							
6. 생산 지시 방법 또는 간반의 운용방법 (도시)	⊙ 프로세스 차트에 스토어 또는 버퍼 적치 장소를 기입한 도표를 그려 표시하면 알기 쉽다						
7. 문제점, 제약조건 등							
8. 목표	(현상 ⇒ 목표치)　　　　　　　　　　　　　　　　(기한)　　년　　월　　일까지						

[표 4-2] 모델 라인 설정의 양식 예

제5장
체크리스트의 활용

현장 개선에서 체크리스트를 활용하는 것이 이 방식의 최고의 장점이라는 것에 대해서는 충분히 숙지되었다고 본다. 이번 5장에서는 체크리스트의 형태와 운용에 대해 설명하기로 한다.

체크리스트는 A부터 J까지 10개로 구분되어 있고, 그 기호순으로 구분해 체크하고 개선이 진행될 수 있도록 독립적으로 구성되어 있다. 각각의 체크리스트마다 1항목씩 진행되며 그것에 관해서 평가 및 판정을 하도록 되어 있다(평가, 판정의 방법은 추후 설명).

체크리스트 항목 중에는 개선에 많은 시간을 필요로 하는 것이 있는가 하면 즉시 가능한 것과 이미 정비되어 있는 것도 있다. 문제의 크기나 개선의 난이도와는 관계없이 한 항목씩 순서에 의해 채택하고 확실하게 개선해 나가는 것이 원칙이다.

원래 도요타 생산방식에서는 '현장에서 문제점을 발견하여 해결 방법을 찾는다. 그것을 해결하면 또 다음 문제가 나타나므로 그것도 해결해 간다. 이때 일어난 문제의 크기에 관계없이 하나하나 정리해 가며 이상적인 모습을 추구해 간다'는 방법을 택하고 있다(이 방법을 네크의 법칙으로 부른다. 공정에서 지금 문제가 되고 있는 것은 하나밖에 없다. 그것이 네크가 되어 문제를 일으킨다. 이 네크를 제거하면 또 다음 네크가 나타나고 이와 같이 나타나는 네크를 하나하나 없앤다. 개선이 진행되어 네크를 발견하기 어렵게 되었을 때 의식적으로 공정 상황을 엄격하게 하여 문제점을 돌출시켜 네크를 찾아내는 일을 행한다. 예를 들면 작업자를 한 명 줄인다든지 간반 매수를 한 장 빼는 것이다. 이와 같은 공정 상황으로 만드는 일을 긴장을 늦추지 않기 위해서라고 말하는 사람도 있다).

그러나 이런 방법은 생산방법이나 공정이 정비되어 보면 알 수 있도록 하는 장치가 되어 있지 않거나, 문제점을 발견할 수 있는 능력이 육성되지 않은 단계에서는 문제가 불규칙하게 다발적으로 일어나 좀처럼 개선의 실마리가 보이지 않게 된다.

그래서 이 방식에서는 그런 상황에서도 개선이 순조롭게 진행될 수 있도록 체크리스트를 활용하게 한 것이다. 그러나 제조 공장이나 공정에는 여러 형태가 있고, 또한 입지 조건도 다르다. 제품의 성격이나 설비기계, 공법, 공정도 다르기 때문에 공장이나 공정에 따라서는 체크리스트에서 요구하는 내용이 맞지 않거나 개선이 매우 곤란하다든지 때로는 무의미한 일로 나타나는 경우도 있다.

이 때 해당 항목을 건너뛰고 다음 항목으로 넘어가려고 할지도 모른다. 그러나 이것을 인정하면 조금 어려워지거나 시간이 걸리고, 힘든 항목에서 할 수 있는 항목까지 포기해버릴 우려가 있다. 스텝 3에서 그려온 '이상적인 모습'에 근접하기 위해서는 위에서 서술한 항목이 반드시 필요하다.

그렇다면, 어떻게 해야 할 것인가. 이런 고민을 해결할 수 있는 좋은 방법을 찾는다는 것이 꽤 어렵겠지만 이상적인 모습과 현실과의 조화를 어느 선에서 그을 수 있는지가 포인트가 될 수 있다. 이상에 너무 치우치면 실행부터 어려워지고 역으로 현실에 치우치면 획기적인 개선이 될 수가 없다.

이런 경우에는 도요타 생산방식의 이론대로 진행할 수 없기 때문에 약간 느슨하게 형태를 변형해 실행할 수밖에 없다. 이렇게 하기 위해서는 몇 개의 항목을 합해서 실행하는 경우도 있다. 중요한 것은 조건이나 범위를 조금 넓혀 이론을 적용하기 쉬운 형태로 만들어 진행을 할 수 있게 하는 것이다. 이렇게 한 일이 적절한지 여부는 개선을 실시하는 사람의 이해와 임하는 자세에 따라 정해지겠지만 판정하는 사람의 능력도 중요하다. 이렇게 함으로써 판정자의 능력도 알 수 있기 때문이다.

이런 것을 바탕으로 스테이지 Ⅲ의 체크에서는 전 항목을 완성하지 못해도 상관없도록 하였다. 지금까지의 경험으로 판단해서 적절하다고 판단되는 75% 이상의 항목을 만족시키면 될 것이다.

각 항목의 정비 상황이 충분한가 아닌가를 누군가가 정하지 않으면 다음 단계로 나아갈 수가 없다. 그러나 정량적인 판단기준을 만드는 것이 어렵기 때문에 판단하는 사람에게 맡기는 경우가 있다. 체크리스트에서는 평가란 2개와 판정란 1개가 있어, 그곳에 합격이라는 표시가 있으면 그 항목은 OK가 된다.

우선 개선의 시행자가 그 결과에 대해서 자기평가를 하고, 첫번째 평가란에 기입한다. 이어서 개선팀 리더가 평가하여 두번째 평가란에 기입한다. 마지막으로 판정자가 판정 결과를 판정란에 기입한다. 판정자는 실무 활동상의 최고 책임자가 좋지만 외부 지도자나 컨설턴트가 참가할 경우에는 이 사람들이 판정해도 된다.

기입할 때는 현장에서 개선 상황을 확인하면서 하는 것이 가장 좋지만 가능하면 매일 계획을 세워 진행하는 것을 원칙으로 한다. 그러나 상황이 여의치 못할 경우에는 주 1회라든지 자유로 정해도 된다.

평가 및 판정란 기입 방법은 다음과 같이 한다. 여기서 각 항목별로 정비, 개선이 되어가고 있는가 안 되었는가를 기준으로 해서 절반 정도 하거나, 진행중이라는 구분은 일체 인정하지 못하도록 하였다. 단, 실행 불가능한 항목만큼은 표시를 하기로 했다.

기입 기호는

'진행완료' ······························ ○
'불가능' ······························· ●

의 두 종류만 한다. 따라서 '미실시', '실시 도중'의 경우에는 '진행완료'의 상태까지 아무것도 기입을 하지 않는다. '중간까지 진행', 또는 '노력이 가상' 하다는 뜻으로 '△'를 표시하려는 경향이 있으나, 이 방식에서는 합격한 것만 의미가 있으므로 원칙적으로 '△'는 사용하지 않는다. 단, 이런 기입 방법은 해보니까 잘 진행이 안 된다든지 하는 경우에는 각자 자신들이 궁리해낸 방법(예를 들어 계속 개선, 정비에 임해서 앞이 예견되는 경우, 아직 착수도 안 된 상태 등을 구분하기 위해 △를 표시)을 사용해도 무방하다. 중요한 것은 이렇게 하는 의의를 인식하고 일과 의식해서 정하는 것이다.

이 평가나 판정은 몇 개의 설비나 공정을 갖고 있는 긴 라인의 경우에 후공정에서는 실시되고 있지만 전공정에서는 아직 손도 못 댄 경우도 생길 수 있다. 이런 경우에는 긴 라인을 구획으로 나누어서 개선·체크를 실시해도 된다. 비고란에는 판정 날짜, 판정자 이름, 특히 기입해 둘 필요가 있는 사항이나 판정자의 견해 등이 있으면 메모하고 메모가 많으면 접착 메모지를 붙여둔다.

각 스텝별 체크에서 판정결과 ○이나 ●의 합계가 체크 항목의 75%를 차지한 경우에는 스테이지 Ⅲ의 수준에 맞는 정비·개선이 달성되었다고 본다. 그러나 흐름화 개선에서 절대로 빠지면 안 되는 항목에서는 전부 75% 항목 안에 들어가 있어야 한다. 이렇게 해서 전 스텝에서 전 항목의 체크와 개선 진행이 돼서 75% 이상 OK가 나오면 스테이지 Ⅲ은 종결된다.

이어서 스테이지 Ⅳ로 진행해 다시 체크리스트를 활용, 개선을 추진하기로 한다. 스테이지 Ⅳ의 스텝 9에서는 90%를 목표로 하고, 스텝 10에서는 100%에 도전하기로 한다. 단, ●에 관해서는 스텝 9에서 절반으로 감소시키고 스텝 10에선 인정을 하지 않기로 한다(스테이지, 스텝 관계에 대해서는 표 2-1「스텝식 체크리스트법에 의한 실시 스텝」을 참조).

스테이지 Ⅲ에서 체크리스트를 활용해 개선을 진행하는 과정에서 도요타 생산방식이 원하는 것, 즉 사고방식이나 개선의 착안점, 그 깊이에 관해서 지식이 깊어지며 본질에 대한 이해가 되었을 것이다. 동시에 전체를 보면서 개선을 하나하나 철저하게 실시하면서 반드시 이루고야 마는 방법을 체득했을 것이다. 따라서 스텝 4에서 다시 체크리스트를 활용하는 것은 각각의 항목, 각 스텝 그리고 체크리스트 전체가 갖는 의미를 몇 단계 더 이해하게 되고 개선은 더욱 더 위를 향해 나아가게 되는 것이다.

5-2 / 체크리스트의 구성

이 방식에서 체크리스트의 구성, 목적, 정비와 개선의 수준 등 전체적인 모습이 지금까지의 설명으로는 정리 및 파악이 잘 안되었으리라 생각되어 〈표 5-1〉「체크리스트 구성과 정비, 개선 필요 항목 수」로 정리한다. 이것에 의해 목표로 해야 할 점과 순서 전체 개요를 파악할 수 있을 것으로 생각되므로 향후 체크리스트 활용에 참고하기 바란다.

여기서 스테이지 Ⅲ에 있는 체크리스트에 의한 정비·개선의 순서는 크게 나누어서 4개의 스텝으로 전개되어 있다(〈표 2-1〉을 참조). 우선 3개의 스텝으로 「형태」와 「공정」을 만드는데, 그것이 실시된 단계에서 7대

체크리스트			전체 항목 수	필요 항목 수		
기호	개선목표	개선테마		스테이지 Ⅲ	스테이지 Ⅳ 스텝 9	스테이지 Ⅳ 스텝 10
A	흐름생산의 형태를 만든다	흐름화	16항목	12항목	15항목	16항목
B	흐름의 시스템(물건, 공정)을 만든다	눈으로 보는 관리	42	32	28	42
C	흐름의 시스템(사람, 작업)을 만든다	표준작업	30	23	27	30
D	필요할 때 필요한 만큼 만든다	과잉생산의 낭비	16	12	15	16
E	필요한 것을 만든다	불량품을 만드는 낭비	20	15	18	20
F	사람을 100% 활용한다	대기의 낭비	14	11	13	14
G	필요할 때 필요한 만큼 운반한다	운반의 낭비	24	18	22	24
H	가공시간을 단축한다	가공자체의 낭비	22	17	20	22
I	작업시간을 단축한다	동작의 낭비	19	15	18	19
J	낭비의 집합인 재고를 없앤다	재고의 낭비	17	13	16	17
	합 계		220	168	202	220

낭비를 철저하게 제거해 나가고 효율적인 「흐름라인」을 만들어 나간다. 이 「7대 낭비제거 스텝」은 크게 하나의 스텝으로 정리되어 있는데, 상당히 볼륨이 커졌기 때문에 여기서는 체크리스트를 활용함에 있어서 7대 낭비로 구분하기로 했다. 따라서 스테이지 Ⅲ에서 체크하는 테마는 전부 10개로 구분되어 있다.

여기서 스텝 번호는 스테이지 Ⅰ부터 순번으로 매겨져 있다. 스테이지 Ⅲ에서 실시하는 스텝은 스텝 5에서 스텝 8까지 되어 있다.

체크리스트에는 독자적으로 A~J의 알파벳을 사용하기로 했다.

★ 정비, 개선 필요 항목수는 각 체크리스트 공히 판정결과인 ●와○의 합계로 한다. 단, 스테이지 Ⅳ의 스텝 10에서는 원칙적으로 ●는 인정하지 않는다.

여기서○은 "정비, 개선이 되어 있다."

●은 "정비, 개선불가능"을 나타낸다.

'미실시' '실시중' 의 경우는 원칙적으로 기입하지 않기 때문에 카운트되지 않는다.

5-3 / 체크 항목의 해설

이제 스테이지 Ⅲ에서는 이 방식의 특징인 체크리스트에 의한 체크, 개선 작업을 하게 된다. 여기에서는 체크리스트의 전부를 소개한다. 그러나 체크하는 항목을 체크리스트 형태로 보이기만 해서는 각 항목에서 무엇을, 어떻게, 어디까지 해야 하는지 판단이 어렵게 된다. 도요타 생산방식 자체는 간단한 구조이기 때문에 누구나 그 사람의 경험과 수준에 따라서 이해하게 된다는 것은 이미 서술하였다. 도요타 생산방식에서 나타내는 언어나 내용은 분명히 알기 쉽게 구성되어 있다.

그러나 그 하나 하나의 단어가 갖는 의미는 어떻게 보면 깊은 뜻을 지니고 있다. 어떤 항목에 대해서 사람에 따라 이해도의 깊이가 달라 하는 일이 바뀌어 버리기도 한다. 그래서 실행할 사람이 제멋대로 해석해서 안이

하게 진행시켜 버리려는 경우도 생긴다. 이런 일을 되도록 없게 하고 누구라도 같은 수준의 개선을 할 수 있도록 하지 않으면 도요타 생산방식에 임하는 의미가 약해진다. 이 책에서는 이런 점을 고려해 체크리스트의 전체 항목에 대해서 하나 하나 해설을 덧붙여 나가기로 한다.

제6장
체크 항목과 그 해설

체크리스트 A (흐름화)

– 흐름생산의 기틀을 만든다 –

년　월　일부터　　　년　월　일까지

사업소		모델라인	(　　　　공정)		
항 목			평 가	판 정	비 고
1. 전 공정, 전 제품의 정류화 구상이 있는가 　 모델라인의 선정은 되어 있는가					
2. 공정순으로 설비가 나열 배치되어 있는가 　 전용설비화가 되어 있는가					
3. 투입품종이 정해져 있고 투입량도 거의 안정되어 　 있는가(평준화를 위해 연구, 노력하고 있는가)					
4. 가공 · 조립 · 마무리 공정에는 한 개 흘리기로 되 　 어 있는가					
5. 장치형 설비 등 로트생산설비에서는 소로트화가 　 되어 있는가					
6. 가공 · 조립 · 마무리 공정은 동기화되어 있는가 　 (장치설비에서는 필요 수만큼 만들고 있는가)					
7. 작업의 종담당이 진행되고 있는가					
8. 흐름의 형태로 되어 있는가 　 '表' 준작업화(반복작업화)되어 있는가					
9. 모델 이외의 설비 또는 작업의 겸임을 하는 작업 　 자는 없는가					
10. 다기능을 위한 작업훈련과 평가는 하고 있는가					
11. 중간재고, 중간재공은 적은가					
12. 준비교체시간 단축에 임하고 있는가					
13. 가공 · 조립 · 마무리 공정에서 순차적으로 준비, 　 교체되고 있는가					

항 목	평 가	판정	비 고
14. 모델라인의 설비가 다른 라인과 공용으로 되어 있지는 않은가(정류화 구상에서는 「물건」이 복잡하게 교차되어 흐르는 일은 없다)			
15. 설비·공정 사이가 떨어져 있어 동기화가 안 되는 곳에서는 간반에 의해 후공정인수 생산이 되고 있는가			
16. 모델라인에는 표시가 되어 있고 공정의 순서를 알 수 있도록 되어 있는가			
판정 항목수 (스테이지 Ⅲ · · · · · · ·12항목 이상 필요) (스테이지 Ⅳ 스텝 9 · · · 15항목 이상 필요) (스테이지 Ⅳ 스텝 10 · · ·16항목 필요)			

6-1   체크리스트 A(흐름화)의 항목과 해설

1. 전 공정, 전 제품의 정류화 구상이 있는가, 모델라인의 선정은 되어 있는가

이 항목은 스테이지 Ⅱ의 스텝 4에 해당하는데 지금부터 공정을 만들어 가는 상황에서 전제가 되는 것이다. 다시 말하면 이 항목을 만족시켜 비로소 다음 항목 이후의 항목 정비, 개선이 진행된다.

공장 또는 제조부문의 전 생산라인·전 제품에 관해서 물건 만드는 방법을 '흐름'으로 바꾼다는 방향성을 정하고, 확실하게 임하자는 의지를 갖는 일이 필수적이다.

그렇다면 '흐름'이란 무엇인가. 여기서 '흐름'의 개념을 정확히 정리하고 이해해 둘 필요가 있다. 그리고 자신들에게 이상적인 '흐름'의 형태는 어떤 것인지 이미지를 그린다. 이 이미지와 현재의 여러 가지 제약조건이나 공장입지조건, 제품과 그 특징, 전체 라인, 전체 설비의 상황, 기술 수준이나 공법의 문제, 공정의 설정이나 관리 수준의 문제 등을 여러 각도에서 비추어 본다. 그리고 현재 갖고 있는 전 제품에 관해서 가장 이상에 가까운 라인 편성은 대충 몇 개의 라인으로, 어떤 레이아웃으로 할 것인가 하는 구상을 익히는 일이 중요하다.

이런 구상은 대략적인 프로세스 차트와 각 라인에 배당되는 제품의 구성, 생산량 등의 개요로 나타낸다 (4장 4-1의 정류화 구상에서 이미 설명).

이렇게 구상한 라인 중 하나가 모델라인이 된다. 모델라인에서는 물건 만드는 방법을 '흐름'으로 하기 위해서는 가능한 한 이론에 충실한 공정을 만들어 개선을 진행해 나간다. 그리고 그 과정에서 앞으로 '흐름화'를 전체 공정에 전개하기 위해서는 어떤 일들이 자신들에게 유효하고, 또 어떤 일이 이대로는 활용이 곤란하며, 적응하기 위해서는 형태를 바꾸든지 연구를 해 나가야 하는지를 찾아내기 위한 연구 공정이 모델라인이 된다.

● 포인트

① 『흐름』의 개념 이해

② 정류화 구상에 기초한 프로세스 차트 및 레이아웃도의 개요

③ 모델라인의 생산 상황 · 설비 상황의 일람, 공정도, 레이아웃도(현상)

2. 공정순으로 설비가 나열 배치되어 있는가, 전용 설비화가 되어 있는가

모델라인에서는 공정순으로 설비가 나열 배치되어 있어야 한다. 설비는 모두가 모델라인 전용이 된다. 이런 경우 다른 라인과 공용하는 설비는 없다. 그러나 이런 일이 현실적으로 어려운 경우에는 제약이 있는 상황에서 전용 설비화, 공정순 라인화를 어떻게 진행할지에 대한 설명이 필요하

다. 레이아웃도 에서 나타내어 현장에서 확인할 수 있도록 하는 일이 필요
하다.

> ① 설비를 공정순으로 나열 배치한다.
>
> ② 전용 설비화
>
> ③ 곤란한 때, 가능한 한 『흐름화』구상과 레이아웃

3. 투입 품종이 정해져 있고 투입량도 거의 안정되어 있는가(평준화를 위해 연구, 노력하고 있는가)

모델라인에 흘릴 품종, 품번을 정한다. 라인에 흘리는 양도 매월 거의
일정하게 유지하는 것이 중요하다. 즉 평준화가 되어 있는가, 평준화를 위
한 연구가 이루어져 있는가가 조건이 된다. 평준화라는 것은 원칙적으로
매일 생산품목의 종류와 양이 일정하다는 것을 말한다. 단, 이 항목에서의
평준화는 아직 개략적인 숫자로 표시되어 있으면 된다. 정확한 평준화의
수치는 체크리스트 C의 2항에서 설명하기로 한다 (이후, 이 책에서는 체크
리스트 기호와 항목번호는 'C-2항' 과 같이 나타냄).

수주 상황이 안정되지 않고 매월 생산량을 파악할 수 없는 공정에서는
특별히 이상한 달을 제외하고 대략 인정할 수 있는 수치를 내어 그 수치를
매월 생산수로 하여 공정을 설계하면 된다. 이런 경우 향후 지금의 수준보
다도 높아질 것으로 보고, 그 예상 수치를 매월 생산수로 해서 공정 설정
을 하면 안 된다. 어디까지나 현재의 생산수로 진행한다. 생산량이 변한
경우에는 다시 한번 필요 생산수를 확인해 공정 설정을 다시 한다.

4. 가공 · 조립 · 마무리 공정에는 1개 흘리기가 되어 있는가

일반적으로 장치형 설비에서 한 개 흘리기는 대단히 어렵다. 장치형 설비 중 거의 모두가 대형 설비이며, 만약 1개씩 만든다고 해도 다른 공정에 비해 생산능력이 크고 스피드가 빠르든지, 한 번에 여러 개수가 생산되기 때문이다. 또한 장치형 설비에서는 조재(粗材)를 만드는 설비가 많다. 이런 경우에는 이후 공정에서 만들어 내는 제품보다도 훨씬 큰 용량의 조재로 되어 한 개의 조재에서 많은 제품으로 가공되기 때문이다(참고로 조재(粗材)라는 것은 원재료를 가공해서 만들어지는 것으로 제품이나 부품을 만드는 기본적인 것을 말한다. 예를 들어 고무생지, 시트재 등이다. 주조품, 단조품, 수지성형품과 같이 어느 정도 형태를 이루고 있지만 거기에 절삭, 조립을 해야 완성되는 것을 조형재라 한다. 이에 대해서 판재, 선재, 수지 펠릿과 같이 가장 가공도가 낮고 게다가 여러 가지 물건의 재료가 되는 것을 소재(素材)로 구분하는 경우가 있다. 소재는 원재료를 지칭하는 경우도 있다).

그러나 가공, 조립, 마무리 등은 일반적으로 말해서 한 개 흘리기가 가능한 공정이다. 그래서 여기서는 철저하게 한 개 흘리기가 요구된다. 이들 공정에서 묶어서 해서는 안 된다(이들 공정의 한 개 흘리기는 스테이지 Ⅰ의 스텝 1에서 대량의 개선이 진행되었을 것이다). 장치형 설비에서도 한 개 흘리기가 가능한 경우에는 당연히 한 개 흘리기를 실시한다.

5. 장치형 설비 등의 로트생산설비에서는 소로트화 되어 있는가

한 개 흘리기가 안 되고 할 수 없이 로트생산을 하는 설비에서는 가능한 한 소로트화를 필요로 한다. 로트의 크기는 다음 식으로 산출한다.

$$\frac{\text{일일가동시간} - \text{일일 필요수의 전체소요시간}}{\text{회당 준비교체시간}} = \text{일일준비교체회수}$$

(필요수의 전체소요시간은, 「표준사이클타임 × 필요수」로도 가능)

$$\text{로트크기} = \frac{\text{일일 필요수}}{\text{일일 준비교체회수}}$$

로트를 작게 하기 위해서는 준비교체시간을 짧게 해 나간다(준비교체에 관해서는 12항 C-11항을 참조. 본서에서는 이후 같은 체크리스트 기호 내 항목번호를 나타내는 경우에는 단순히 '12항' 같이 표시한다).

6. 가공 · 조립 · 마무리 공정은 동기화되어 있는가(장치형 설비에서는 필요 수만 큼 만들고 있는가)

통상 장치형 설비의 경우 그 설비의 적절한 속도로 물건을 만들어 나가기 때문에 타 공정과 동기화해서 제조한다는 것은 대단히 곤란하다. 그래서 이 항에서는 우선 가공 · 조립 · 마무리 등에서 사람의 움직임을 중심으로 하는 공정을 중심으로 동기화가 되어 있는가를 체크한다. 동기화는 표준작업화에 의해 보다 적정하게 진행된다. 표준작업에서는 동기화의 속도가 택트타임이 된다(체크리스트 C「표준작업」각항 참조).

이 항에서는 '표(表)' 준작업 수준이라도 된다(8항 참조). '表' 준 작업이라는 것은 설비를 공정순으로 나열해 1개씩 흘리고 작업자 전원의 작업을 반복 작업으로 하는 단계로서 최고 상태에서 매회 작업하는 순서를 말한다. 또 택트타임 작업이 안 되어 있기 때문에 표준작업과 구별해 '겉(表) 표준작업'이라 부른다.

장치형 설비에서는 원칙적으로 간반에 의해 정해진 로트양만 생산한다. 간반을 도입하지 않은 설비에서는 5항의 계산에서 1로트 양을 기준으로 만든 생산계획의 지시에 따라 생산한다. 간반 또는 생산계획을 점검하자. 어떤 경우에도 정해진 양만 만들어야 한다. 정해진 양 이상을 만들거나, 거꾸로 부족해서도 안 된다. 즉, 과잉생산, 부족생산이 돼서는 안 된다. 간반이나 생산지시가 없는데도 물건을 만든다는 것은 말이 안 된다. 간반이나 생산지시가 있을 때 여러 가지 이유로 지시 수량 이상으로 만들거나(예를 들면 재료가 아직 남아있다고 해서 여분으로 만들거나, 불량수를 예상해서 그만큼 만드는 등), 또 거꾸로 지시한 수량만큼 만들지 않는(예를 들면 납기에 맞출 수 없다든지 급히 다른 물건을 만들어 내야 해서 도중에 바꾸어야 한다든지) 일은 없는가?(B-8, B-26, D-5, D-16항에서도 취급하므

로 이 항에서는 원칙만 지키면 된다)

① 가공 · 조립 · 마무리 공정 · · · 한 개 흘리기, 반복작업을 해서 작업
　 자 전원을 거의 같은 속도의 작업량으로 한다
② 장치형 설비의 공정 · · · 정해진 양만 생산하는 표준화와 습관화

7. 작업의 종(縱)담당이 진행되고 있는가

몇 개의 공정을 거쳐 물건이 만들어질 때 '흐름' 공정에서는 동일 라인 내에서 종(縱)담당을 해 나간다. 이때 형태가 전혀 다른 공정 간에서도 한 사람의 작업자가 택트타임 범위에서 몇 개의 공정에 걸쳐 작업을 해야 한다. 그러나 조립공정 내에서는 이를 간단하게 만들 수 있기 때문에 상당수의 공정에서 종(縱)담당을 진행할 수 있으나 형태가 다른 공정 간에서는 대처하기 어려워 아직 실시를 못하는 곳이 거의 대부분이다. 그렇기 때문에 연구를 거듭하면서 어떻게 하면 좋을까를 생각해 내고 시행착오를 반복하면서 종(縱)담당에 임하지 않으면 진정한 '흐름'이 되지 않는다.

그러나 지금은 충분히 형태가 갖추어져 있지 않아도 전향적인 것만 확인된다면 이 항에서는 OK라 하자. 하지만, 조립 등의 종(縱)담당이 당연하게 도입될 수 있는 공정에는 확실히 되어 있어야 한다.

① 조립공정 등 · · · 종(縱)담당의 실시
② 형태가 다른 공정간 · · · 연구 또는 계획

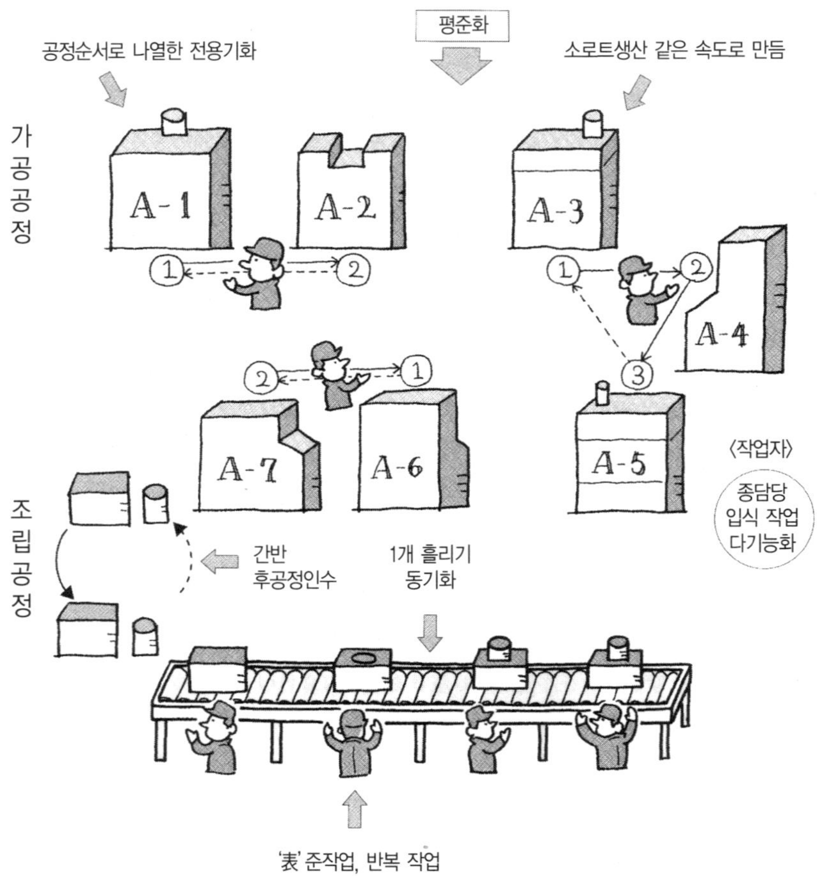

8. 흐름의 형태가 되어 있는가, '表' 준작업화(반복작업화)되어 있는가

'흐름'이란 무엇인가(A-1항 참조). 구체적으로 2장에서 설명한 것과 같이 공정순 배열, 한 개 흘리기, 동기화, 종(縱)담당, 다기능화, 입식 작업화의 6가지를 말한다. 이 모든 것이 되어 있다면 작업자는 종담당을 하고 있을 것이기 때문에 이 공정에서 작업자는 반복작업을 하고 있어야 한다. 즉

'表' 준작업이 되어 있어야 한다. 이 단계에서는 아직 표준작업이 안 되어 있어도 상관없지만 '表' 준작업 조합표와 '表' 준작업표는 되어 있어야 할 것이다(A-6항). 반복작업이 안 되는 장치형 설비 등에서는 순서나 방법이 표시되어 있으면 된다(C-10항 참조).

> ● 포인트
>
> ① 조립공정 등···표준작업조합표와 표준작업표가 있으면 된다. 아직 표준작업화가 되어 있지 않으면 '표(表)'로 만든다
> ② 장치형 설비 등···절차서 등

9. 모델 이외의 설비 또는 작업의 겸임을 하는 작업자는 없는가

당연히 모델라인 이외의 설비나 라인의 겸임은 있어서는 안 된다. 그러나 장치형 공정이나 경우에 따라 조립공정 등에서는 설비능력이 크기 때문에 완성품을 모델공정 이외의 후공정에도 흘린다든지, 모델공정 외의 전공정으로부터 흘러 온 가공물을 이 모델공정에서 가공하는 경우도 있다. 이런 일이 발생되지 않도록 7항에서 종담당화를 확실하게 진행시켜야 하는 것은 당연한 일이지만 아직 라인의 일부에서 할 수 없이 겸임할 수밖에 없는 현 단계에서는 이 항목의 체크는 의미가 없기 때문에 건너뛰어도 된다.

> ● 포인트
>
> ① 종담당, 전담화에 대한 전망, 계획

10. 다기능을 위한 작업 훈련과 평가는 하고 있는가

종담당을 진행하기 위해서는 작업자의 다기능화가 진행되어 있어야만 가능하다. 그래서 작업자의 다기능화를 위한 육성 · 훈련 계획과 실시 · 평가가 필요하다. 이를 위해서는 작업자별로 갖추어야 할 요건(어떤 작업을 습득시킬 것인가)과 훈련계획에 기초해 훈련을 실시하고, 그 결과 현재 어느 수준의 기술이 되었는가 하는 평가표 등이 있어야 판단하기 쉽다.

● 포인트

① 다기능화 훈련 계획서와 기능평가표 등

11. 중간재고, 중간재공은 적은가

한 개 흘리기가 되어 있는 공정 간의 중간재공은 원칙적으로 현재 가공 중인 물건을 제외하고는 제로다. '표준작업'에서는 재공수를 정하는데 정해진 개수 이상의 물건이 있어서는 안 된다(C-1, C-3항 참조).

'표준작업'이 정해지지 않은 공정에도 정해진 재공수, 정해진 로트양을 넘는 물건을 갖고 있는 것을 인정해서는 안 된다.

간반을 사용하는 라인 공정 간에서는 간반매수 이상의 중간재공은 인정하지 않는다. 간반은 발행매수가 적절히 관리되고 1매당 수량이 정확히 정해져 있는 것이 당연하다(A-15, B-13, B-14, B-17항 등에서도 언급하므로, 여기서는 간반에 관해서 개략적으로 정리되어 있으면 된다).

장치형 설비 등 표준작업이 어렵고 간반도 도입되지 않은 공정에서는 최대 재공량을 정하든가, 중간제품의 적치장소를 정확히 구분 · 정리하여 여분으로 놓지 못하게 하는 등의 연구를 하여 중간재공의 양을 규제한다.

제조라인의 도중에 가공물이 라인 외의 설비나 외주 등으로 나가 도장, 도금, 열가공, 특수가공 등의 가공을 해서 다시 원래의 제조라인으로 돌아와 제조를 계속하는 경우에는 특히 가공을 위해 출입하는 양의 관리가 되어 있어야 한다.

① 한 개 흘리기 공정··· 표준재공의 설정과 준수

② 간반매수의 적정화와 간반수 외 양의 철저한 배제

③ 간반생산이 아닌 공정에서의 로트양, 재공수의 설정

④ 중간재공량의 규제 연구, 특수공정의 양 규제

12. 준비교체시간의 단축에 임하고 있는가

가장 이상적인 준비교체는 순간준비교체다. 즉 준비교체시간이 Zero다. 준비교체는 거의 모든 공정에서 발생하지만 특히 장치형 설비에서는 준비교체가 네크가 되어 대로트 생산을 하는 경우가 많다. 이렇게 되면 흐름생산, 평준화생산이 안 되기 때문에 가능한 한 이상에 가까운 흐름을 하기 위해서는 준비교체를 Zero에 근접시킬 필요가 있다. 그러나 준비교체를 Zero로 하는 일은 어렵기 때문에 장치형 설비에서는 싱글 준비교체화를 목표로 한다.

준비교체의 기본은 내(內)준비와 외(外)준비가 있다. 이렇게 나누어 내준비 시간을 짧게 해 설비가 멈추는 시간을 되도록 짧게 해야 한다. 이렇게 하기 위해서는 한 사람이 하는 것 보다는 다인수(설비의 양측에서 하기 위해 두 사람이 하는 경우가 많다)로 효율적으로 실시할 수 있도록 한다. 또

준비교체를 하는 사람은 전문가인 경우가 일반적이다. 전문가가 함으로써 그 기능은 향상된다. 또 기동적으로 대처가 가능하다. 이런 전문가를 준비교체 전문가라고 부르기도 한다.

> ● 포인트
>
> ① 준비교체전문가의 선정과 육성
>
> ② 당면한 목표설정과 목표달성
>
> ③ 싱글준비교체에 도전(여기서는 아직 완전하게 싱글화되어 있지 않아도 된다. J-13항에서 취급하기로 한다)

13. 가공 · 조립 · 마무리 공정에서 순차적으로 준비교체 되고 있는가

가공 · 조립 · 마무리 등의 공정에서는 준비교체시간을 표준작업의 1사이클 시간 이내에 넣도록 개선해서, 1사이클 분의 공송(空送) 중에 준비교체를 해내는 '순차준비교차'를 해보자. 이 방법은 교체 사이클에서는 가공물을 안 보내기 때문에 공송준비교체라고도 말한다.

그림으로 표시하면 다음과 같다.

	1공정	2공정	3공정
교체 전	A	A	A
교체 개시 첫 번째 사이클 교체 중	교체	A	A
두 번째 사이클 교체 중	B	교체	A
세 번째 사이클 교체 중	B	B	교체
네 번째 사이클 교체 종료	B	B	B

[그림 6-1] 순차준비교체 (3공정에서 편성하는 라인에서 A제품이 B제품으로 교체되는 경우)

14. 모델라인의 설비가 다른 라인과 공용으로 되어 있지는 않은가(정류화 구상에는「물건」이 복잡하게 교차되어 흐르는 일은 없다)

정류화 구상은 〈그림 6-2〉와 같이 단순한 라인 구성으로 되어 있을 것이다.

따라서 확실히 정류화되어 있는 공장에서는 '물건' 이 타라인에 걸쳐 흐르는 일이 있을 수 없다. 그러나 현실에는 재래의 설비, 재래의 공법을 활용해야 한다는 점과 경제적인 측면이나 기술적인 측면에서도 반드시 그대로 실현할 수 있다고는 말할 수 없다. 현실적으로는 꽤 충실하게 정류화를 하려 해도 〈그림 6-3〉과 같은 형태로 남아버리는 경우가 생기기도 한다.

정류화 단계에서 충분한 검토가 되지 않은 상태로 구상을 하여 그 중 1라인을 모델라인으로 하는 경우에 이런 일이 생기는데, 이런 경우에는 다시 한번 원점으로 돌아가 정류화 구상의 수정을 하도록 한다.

수정을 한 후에도 현재 상황에서는 더 이상 생각을 할 수가 없다면 어쩔 수 없을 것이다(4장 참조).

[그림 6-2] 정류화된 라인

[그림 6-3] 불충분한 정류화

① 정류화 구상의 수정

② 레이아웃의 변경

15. 설비 · 공정 사이가 떨어져 있어 동기화가 안 되는 곳에서는 간반에 의해 후공정인수 생산이 되고 있는가

일반적으로 설비 사이가 떨어져 있어 동기화하기 어려운 공정 간에서는 간반을 활용함으로써 후공정인수 생산을 하고 후공정이 가져간 것만 만드는 시스템을 만들어 동기화에 가까운 공정으로 한다. 후공정인수 생산을 함으로써 공정 전체를 '흐름'의 모습으로 한다(A−11항에서 간반운용이 되면 이 항은 OK).

● 포인트

① 간반 투입에 의한 후공정인수 생산의 실시

16. 모델라인에는 표시가 되어 있고 공정의 순서를 알 수 있도록 되어 있는가

모두의 마음을 하나로 하기 위해서라도 공정을 흐름화하는 이 활동에 명칭을 붙이기로 하자. 이 활동의 모델라인이라는 것을 알 수 있도록 현장의 모델라인 위에 표시를 붙이자.

모델라인이라는 표시와 무엇을 만들고 있는 공정라인이냐, 가공순서와 각각의 공정 명칭을 알 수 있도록 되어 있으면 된다(B-11항 관련).

● 포인트

① 모델라인의 명명

② 현장에 모델라인의 게시

체크리스트 B (눈으로 보는 관리)

– 흐름의 체계(물건, 공정)를 만든다 –

년   월   일부터   년   월   일까지

사업소		모델라인			(공정)
항 목			평 가	판정	비 고
1. 5S가 완비되어 있는가, 기계 · 치공구 · 비품 · 바닥 등이 깨끗한가					
2. 주소가 정해져 있고 알기 쉬운가					
3. 스토어가 적절히 마련되어 있고 정확히 기능을 하고 있는가(위치, 장소, 넓이, 높이, 양식, 표시방법 등)					
4. 모든 물건(부재, 중간제품, 제품, 설비, 비품, 치공구, 용구, 자재, 용기, 운반구 등)의 적치장소가 정해져 있고 정확히 놓여져 있는가					
5. 정해진 장소 이외에는 물건이 없는가, 불필요한 것은 전혀 없는가					
6. 자재류는 원칙적으로 라인 사이드에 공급이 되고 있는가					
7. 부재 · 제품 · 자재 등의 선입 · 선출은 되고 있는가					
8. 『물건』의 양이 적당한지 알 수 있도록 되어 있는가 너무 많은 물건, 모자라는 물건은 거의 눈에 띄지 않는가					
9. 불량품이 그대로 방치되어 있지는 않은가					
10. 교체품이 그대로 방치되어 있지는 않은가					
11. 설비 · 라인 등의 명칭, 번호가 정확히 표시되어 있는가 (전공정, 후공정도 알 수 있도록 되어 있는가)					
12. 요령서, 품질기준, 기술표준, 지시서, 주의서 등의 게시물은 항상 유지, 관리가 되어 있고, 필요한 것에만 되어 있는가, 게시방법도 확실히 되어 있는가					

항 목	평 가	판정	비 고
13. 『물건』에는 반드시 간반이 붙어 있는가(가공중인 것은 제외)			
14. 간반양식, 기재된 항목 · 내용이 적절한가			
15. 간반을 빼낸 순서대로 빼낸 양만큼 만들고 있는가, 순서생산에는 그 『장치』가 되어 있는가(생산지시순서판 등)			
16. 로트생산에서도 중간재공 순서를 알 수 있는 『장치』가 있는가, 로트당 대략적인 생산시간을 알 수 있게 되어 있는가			
17. 간반 발행방법, 취급방식이 정해져 있는가, 순조롭게 돌아가고 있는가			
18. 간반포스트를 필요한 곳에 설치했는가			
19. 간반의 유지, 관리, 보수가 성실하게 이루어지고, 그 관리가 완비되어 있는가			
20. 도장 · 열처리 등 연속생산 공정에서는 좌석 지정방식이 도입되어 있는가			
21. 지금 무엇을 생산중인지 그 설비에서 알 수 있게 되어 있는가			
22. 라인이나 설비의 정지 이유를 알 수 있게 되어 있는가 (간반대기, 생산지시대기, 고장, 불량, 계획정지, 준비 교체 등)			
23. 다음 준비교체 예정시각과 생산제품의 품번을 알 수 있게 되어 있는가			
24. 다음 생산의 부자재 등을 준비할 타이밍을 알 수 있는 『장치』가 되어있는가			
25. 긴급품, 끼어들기 물건을 언제, 어떤 타이밍으로 생산할지 알 수 있게 되어 있는가			
26. 생산의 진행상황을 알 수 있게 되어 있는가			
27. 생산관리판을 활용하고 있는가			

항 목	평 가	판 정	비 고
28. 필요한 생산지표(생산량, 생산성, 가동률, 준비교체시간, 불량건수, 순간정지, 순간트러블 등)의 추이를 나타내는 그래프가 현장에 효과적으로 게시되어 있는가			
29. 문제점과 대책, 개선 상황 등이 현장에 크게 붙어 있는가			
30. 간반·스토어가 『눈으로 보는 관리』의 도구 역할을 하고 있는가			
31. 이상(異常)은 무엇이라고 정하고 있는가. 이상이라는 것은 정상이나 표준에서 벗어난 때라고 정하고 있는가			
32. 이상(異常)을 알 수 있도록 되어 있는가. 이상의 조기발견이 가능하도록 되어 있는가			
33. 이상(異常)에 의해, 설비·라인이 자동적으로 멈추게 되어 있는가			
34. 가공·조립·마무리 등 사람의 손으로 하는 작업라인에도 이상(異常) 발생시에는 라인스톱이 되도록 되어 있는가(또 하나의 인변 자동화)			
35. 이상(異常)을 알리는 「안돈」,「부저」,「호출등」 등의 연구가 되어 있는가			
36. 이상(異常) 발생시에 신속한 조치를 취할 수 있는 체제가 되어 있는가			
37. 이상(異常) 조치방법이 정해져 있는가, 작업자 임의의 판단으로 하지 않도록 되어 있는가			
38. 이상(異常)이 기록되고 있는가, 이상(異常)의 재발방지 대책은 강구되어 있는가			
39. 간반 종류의 선정이 적절한가(일상간반, 신호간반, 좌석지정, 특수간반 등)			
40. 간반을 투입하고 있는 공정의 생산지시는 전부 간반으로 하고 있는가(간반생산과 지시생산이 동일 라인내에서 이루어지지 않는다)			
41. 긴급생산, 끼어들기생산, 임시생산 (극소량품, 시작품 등)을 간반투입공정에 흘리는 경우는 그것도 간반으로 실행할 방법이 연구되어 있는가			

항 목	평 가	판 정	비 고
42. 품번은 관리번호(단축번호 또는 등번호라 함)로 　　표시되어 있는가			
판정 항목수 　(스테이지 III · · · · · · 32항목 이상 필요) 　(스테이지 IV 스텝 9 · · ·38항목 이상 필요) 　(스테이지 IV 스텝 10 · · 42항목 필요)			

 ## 체크리스트 B(눈으로 보는 관리)의 항목과 해설

1. 5S가 완비되어 있는가, 기계 · 치공구 · 비품 · 바닥 등이 모두 깨끗한가

"개선은 5S로 시작되어 5S로 끝난다"라든가 "5S도 안 되면서 어떻게 개선을 할 수 있겠는가"라는 말을 자주 듣는다. 원래, 도요타 생산방식에서는 5S를 목적으로 하지는 않는다. 생산에 불필요한 것은 완전히 제거하고, 생산에 필요한 물건만 생산하며 게다가 적치장소와 놓는 방법, 놓는 수량도 정하기 때문에 "5S!"라고 소리 높여 외치지 않아도 자연스럽게 정리가 된다. 그러나 정한 일이 잘 안 지켜진다든지 지킬 수 없는 상황이 언제까지나 계속되는 현장에서는 당연히 개선의 진도나 효과를 보기 어렵기 때문에 작업자들은 의욕을 잃기 쉽다. 또한 최고경영자나 상사, 견학자나 고객들도 현장개선의 진행 여부를 보기 어렵다.

그래서 이 공정은 현장개선에 임하고 있다는 것을 나타내고, 모두의 관심을 집중시킴으로써 더욱더 개선이 진행되는 효과를 기대해 우선 5S를 추진하게 된다. 그러기 위해서는 현장이 깨끗해져야 한다.

2. 주소가 정해져 있고 알기 쉬운가

주소란, 일반적으로 ○○구××동△△번지라고 표시하여 장소를 나타내는 것과 같이 공장 내의 장소를 나타내는 것이다. 주소를 표시한 것만으로 누구나 그 장소에 틀림없이 갈 수 있도록 정해 놓아야 한다. 일반적으로 그림 6-4와 같이 공장의 세로 기둥 단위로 A, B, C······와 같이 '구역'을 정하고, 가로 기둥 단위로 1, 2, 3······으로 '번지'를 정한다.

잘 놓인 장소에 관계없이, 적재선반이나 랙 단위로 A, B, C,····등을 붙여 놓은 것을 보는데 이것은 잘 된 방법이라 할 수 없다. 우선 선반

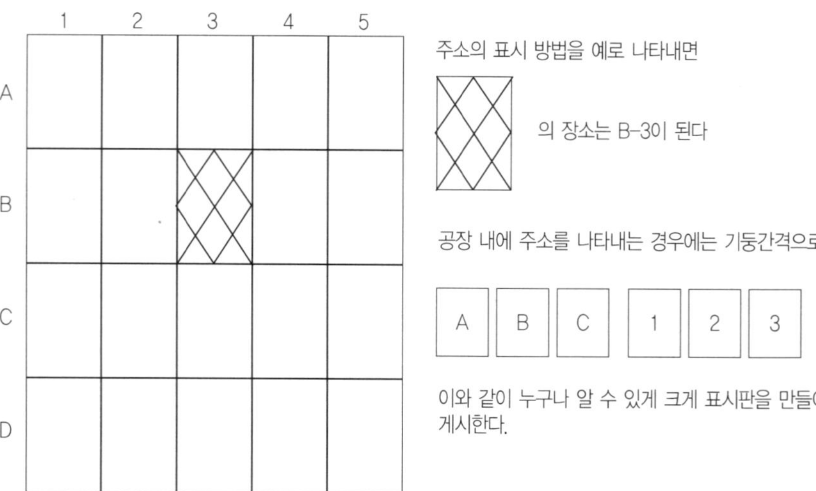

[그림6-4] 주소 표시 방법

이 있는 장소를 「주소」라고 표시하고 그 후에 선반을 나타내는 기호와 선
반번호를 나타내면 된다.

　　예를 들면 다음과 같이 표시한다.
　　　　B－3－가－7
　　　　장소－번지－선반종류－선반번호

　「주소」는 활용을 해야만 비로소 의의가 있으므로, 단지 표시만 하는 것
은 아무런 의미가 없다. 특히 간반을 도입한 경우에는, 부자재를 가지러
가는 곳이나 제조물, 운반물의 적치장소를 간반에 「주소」라고 기입해 놓
는다.

> ● 포인트
>
> 　① 주소의 설정
> 　② 일상관리에서 주소 활용(간반에 기입)

3. 스토어가 적절히 마련되어 있고 정확히 기능을 하고 있는가 (위치, 장소, 넓이, 높이, 양식, 표시방법 등)

　스토어란 생산, 운반지시를 간반으로 운용하고 있는 경우의 「물건」(재
료·부품·중간제품·완성품)의 적치장소를 말한다. 버퍼나 과잉생산품
의 적치장소와는 다르다(버퍼란 공정 간의 조정을 위한 완충용 수량을 말한
다). 스토어에는 품목, 품번별로 간반매수에 맞추어서 각각의 위치, 넓이,
높이가 정해져 누가 보아도 알 수 있게 표시되어 있고 정해진 대로 「물건」

을 정확히 놓아야 한다.

스토어 이외의 장소에 간반에 의한 「물건」을 놓아서는 안 된다. 정확히 정한 대로 놓기 위해서는 동일 품종의 적재 형태(수납박스형태, 크기, 수납 수 등)가 일정하지 않으면 안 된다. 또한 스토어의 위치는 라인 사이드가 원칙이다(B-6항 참조).

● 포인트

① 스토어의 설정과 정비

② 간반품 이외의 물건에 대한 적치장소 설정 및 정비

③ 적재형태의 통일

4. 모든 물건(부재, 중간제품, 제품, 설비, 비품, 치공구, 용구, 자재, 용기, 운반구 등)의 적치장소가 정해져 있고 정확히 놓여져 있는가

생산에 불필요한 것은 모두 없앤다. 생산에 필요한 것 중 간반에 의하지 않은 것도 모두 품목별로 그 명칭, 적치장소, 적치방법, 적치수량이 정해져 명시되어 있어야 한다.

● 포인트

① 물건 전체의 적치장소 설정과 정비

② 이에 대한 표준화와 생활화

5. 정해진 장소 이외에 물건은 없는가, 불필요한 것은 전혀 없는가

3항과 4항에서 정한 적치장소 이외에 어떤 물건도 있어서는 안 된다. 생산에 불필요한 것이 있어서는 안 된다.

'다음 번에 생산하니까(또는 어차피 사용할 것이니까), 그 때 다시 반입·반출하는 것은 귀찮다. 무엇보다도 그것은 낭비이므로 임시로 여기에 놓아두자'는 것은 용납이 안 된다. 이런 일을 막기 위해서는 생산수량에 정확히 맞도록 부재, 치공구, 자재 등을 준비하도록 준비교체를 한다든지 로트의 크기를 부재 로트 크기에 맞추는 연구 등이 필요하다.

임시적치, 순간적치는 절대로 안 된다. 통로에 불필요한 물건, 남은 물건, 불량품을 돌출되게 놓아두어서는 더더욱 안 된다. 어쩔 수 없는 사정으로 임시적치를 해야만 할 상황에서는 그 장소에 품명, 품번, 수량, 이유, 책임자 그리고 기한을 누가 보아도 알 수 있도록 표시한다.

> ● 포인트
>
> ① 특별품, 임시품, 특수한 물건을 임시로 적치하는 방법의 통일
>
> ② 작업자에 대한 철저한 교육과 훈련

6. 부자재는 원칙적으로 라인 사이드에 공급이 되고 있는가

라인 사이드 공급이란, 자재 등 사용할 물건은 사용할 장소에, 제품 등 만든 물건은 만든 장소에 정확히 양과 적치장소를 정해 놓는 일이다. 한 번에 필요 이상 많은 물건을 가져오거나 과잉생산하여 정해진 장소에 놓지 못하고 그 부근에 임시적치(일시적치)를 하는 것은 절대로 안 된다. 라인 사이드에 공급을 용이하게 하기 위해서는 작업자가 재료나 부품을 빼기 쉽게 여러 가지 방법을 강구하거나 연구를 해야 한다(예를 들면 슈터,

공급용 컨베이어 벨트, 회전 선반 등).

① 라인 사이드 공급이 되었는가의 재검토와 개선

② 라인 사이드 공급을 도와주는 방법의 연구와 설치

7. 부재 · 제품 · 자재 등의 선입 · 선출은 되고 있는가

선입 · 선출을 원활히 할 수 있는 '시스템', '장치' 가 되어 있고, 누가 해도 간단하게 선입된 물건부터 순서대로 사용할 수 있도록 해야 한다.

① 선입선출의 재검토와 정비

8. 「물건」의 양이 적당한지 알 수 있도록 되어 있는가, 너무 많은 물건이나 모자라는 물건은 거의 눈에 띄지 않는가

우선 3항~5항이 정확히 되어 있고 아울러 스토어 · 적치 장소에 얼마만큼 놓을 것인가가 그 자리에서 보고 확실히 알 수 있도록 하는 일이 중요하다. 일반적으로는 품번별로 스토어나 적치장소의 크기(넓이)와 놓는 방법을 지정해서 물건을 놓고 그 상황을 봄으로써 전후공정의 생산 진도 상황과 부품의 공급 상황을 알 수 있게 해 나간다. 과잉 또는 부족의 상태로 있을 때는 즉시 손을 써서 정상적 상태로 되돌리는 조치를 하는 것이 중요하다.

간반을 투입하고 있는 경우에는 간반포스트를 보면 자기공정의 생산진

도와 전후공정의 생산균형을 알 수 있게 연구를 하는 일이 중요하다. 또 부재 등을 컨베이어 등으로 공급하는 곳은 그 위에 싣는 수량을 규제하는 연구(예를 들면 피치마크, 노워크·풀워크(B-33항, 그림 6-9에서 설명)의 장치)나 물건이 떨어질 때 보급의 필요성을 알리는 장치(예를 들면 호출등, 버저 등)도 필요하다.

① 물건의 적치 방법, 적치 수량이 적절한가를 재검토

② 물건의 양을 보고 생산의 상황을 파악하여 행동을 취하는 시스템의 재검토

③ 그것을 지원할 장치의 연구와 개선

9. 불량품이 그대로 방치되어 있지는 않은가

공정에서 불량이 발생 또는 발견됐을 경우 원칙적으로 그 시점에서 라인 작업자에 의한 수정은 금지한다(사이클 타임에 편차가 발생하기 때문). 예를 들면, 항상 긁힌 흠집이 있어서 헝겊이나 스펀지에 수정액을 묻혀 간단하게 수정하는 경우에는 근본적인 흠집 대책이 필요하다. 그 대책을 세우기 전까지는 보수도 작업의 일환으로 해서 표준작업에 포함해야 한다.

우발적인 불량품이 나온 경우에는 바꿔치기나 라인 책임자가 들어와 사이클 타임을 커버하는 방법이 있지만(C-16항 참조), 일반적으로는 라인 밖으로 뺀다. 이때 완전 불량품은 「빨간상자」를 준비해 거기에 넣는다. 수정품은 릴리프 맨(또는 라인 리더)이 즉시 현장에서 수정하는 것이 원칙이다. 릴리프 맨이나 수정을 해줄 사람이 없을 경우에는 어쩔 수 없이 한꺼번에

수정을 해야 되지만 그 때까지는 지정된 박스에 넣어서 보관하도록 한다.

단, 그런 경우라도 그날 중에 반드시 조치하고 다음날에는 전날의 불량이 남지 않도록 하는 것이 중요하다(불량이 나온 경우에 재발방지책을 세우는 것은 당연하다. 이것은 체크리스트 E에서 취급).

● 포인트

① 항상 있는 보수작업의 표준작업 편입
② 불량발생의 경우 조치방법의 결정(작업자는 불량수정을 하지 않는다.
　바꿔치기나 라인의 지원, 작업 종료시 일괄처리 등 처리방법을 정해 실행한다)
③ 빨간상자 설치

10. 교체품이 그대로 방치되어 있지는 않은가

지시된 수량 생산이 끝나도 아직 부재가 공정에 남아있을 경우나 생산을 도중에서 중지해서 교체한 경우 등, 지금까지 생산하고 있던 품번의 재료·중간제품·완성품·부품 등은 정해져 있는 원래의 장소에 반드시 반환해야 한다. 도중에 끼어들기 생산 후 금방 원래 품번의 생산으로 돌아간다고 해도 안 된다.

● 포인트

① 교체품의 조치방법 결정과 준수

11. 설비, 라인 등의 명칭 · 번호가 정확히 표시되어 있는가(전공정, 후공정도 알 수 있도록 되어 있는가)

설명을 듣지 않아도 물건이 흘러가는 순번대로 공정을 알 수 있게 라인 표시, 공정표시를 할 것.

전 · 후공정은 어느 공정의 몇 호기인가를 알 수 있게 한다. 간반투입의 경우에는 간반을 보고 금방 알 수 있게 되어 있으면 된다. 또한 현장에 생산품목(품번), 당일생산량, 택트타임 등과 함께 전공정을 공정 순으로 공정이름, 기계이름, 기계번호 등을 표시하고 게시해 누가 보아도 알 수 있도록 되어 있으면 완전하다(A-16항 참조).

> ● 포인트
>
> ① 라인 · 설비명의 표시
>
> ② 공정순의 도시나 표시
>
> ③ 간반에 전공정과 후공정을 기재

12. 요령서 · 품질기준 · 기술표준 · 지시서 · 주의서 등의 게시물은 항상 유지 · 관리가 되어 있고 필요한 것에만 되어 있는가, 게시방법도 확실히 되어 있는가

현장에 게시되어 있는 요령서류, 문서류는 현재 필요한 것으로 현상과 조화되어야 한다. 그러기 위해서 내용이 바뀌었을 때는 즉시 개정하고, 주의서나 지시서 등은 게시 기간을 정해 놓고 기한이 지나면 떼어낸다. 게시하는 장소도 효과적이고 정연한 느낌을 주는 장소를 찾고, 게시방법(문서류 부착방법)에도 신경을 쓰자. 게시물의 글자는 되도록 크게 쓰고 용지도 큰 것이 좋다. 특히 주의서 · 지시서의 종류는 매직펜 등으로 간단한 도표도 넣으면서 포인트 · 급소를 크게 쓰는 것이 기본이다.

> ● 포인트
> ① 게시물의 재검토 · 정리
> ② 게시에 관한 결정
> ③ 게시물의 양식, 쓰는 방법의 연구와 표준화

13. 「물건」에는 반드시 간반이 붙어 있는가(가공 중인 것은 제외)

간반투입의 공정에는 가공중인 것을 제외하고 반드시 「물건」에 간반이 붙어 있어야 한다. 가공중인 물건에 관해서는 가공하고 있는 공정이나 설비 앞에 「현재 생산중」이라는 게시판을 걸고 이것에 간반을 붙이도록 해서 지금 생산하고 있는 품명, 품번을 알 수 있도록 한다.

> ● 포인트
> ① 간반이 붙어 있지 않은 『물건』의 조사와 원인 규명, 방지책
> ② 「현재 생산중」이라는 표시판 설치와 간반 표시

14. 간반의 양식과 기재된 항목 · 내용이 적절한가

간반에는 품명, 품번(가능한 한 관리번호 '등번호, 단축번호'를 사용하는 것이 바람직하다), 적재 형태(용기명과 수량), 적치장소(스토어 · 주소), 필요에 따라 제조설비, 전공정, 후공정, 운반 사이클 또는 시간 등이 알기 쉽게 기입되어 있을 것. 제품이나 공정 상황에 따라 다른 경우도 있지만 일

반적으로 필요항목은 전부 표시되는 것이 중요하다. 또한 동일 공장내의 모든 간반은 동일 양식이어야 한다. 신호간반의 경우는 통상 간반 기입사항 외에 로트수와 기준수가 필요하다(B-39항 참조).

① 간반의 양식, 내용의 재검토, 표준화

② 품번의 등번호 검토

15. 간반을 빼낸 순서대로 빼낸 양만큼 만들고 있는가, 순서 생산에는 그「장치」가 되어 있는가(생산지시 순서판 등).

간반을 빼낸 양만큼 만들도록 시스템이 되어 있는가. 그 운용도를 그릴 수 있는가(그림 6-5 참조). 현장에서는 룰을 지키고 있는가.

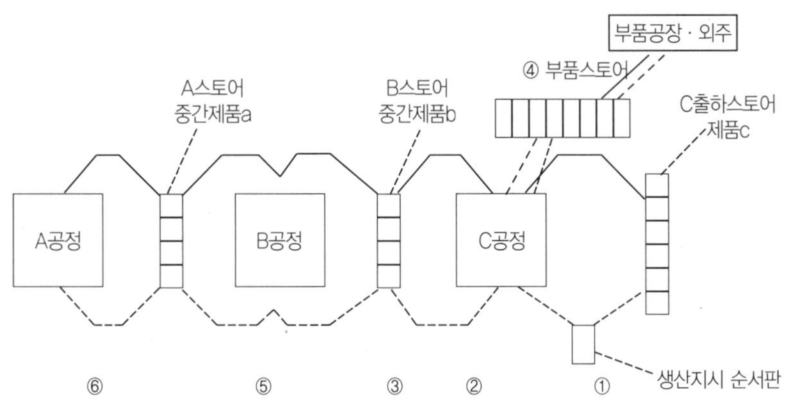

[그림 6-5] 간반운용도 예

(1) 출하하면 간반을 떼어내서 생산지시 순서판에 넣는다(생산지시 간반).

(2) C공정은 생산지시 순서에 따라 생산한다. 만든 물건은 간반을 붙여서 출하스토어에 놓는다(순서생산).

(3) 이때 전공정 B의 스토어에서 가져온 중간제품 b(C의 조재)가 없어지면 b에 붙여두었던 간반을 갖고 B의 스토어에 가지러 간다(운반간반 또는 인수간반).

(4) C공정에서 사용하는 부품의 간반을 떼어내면 부품가공공장(또는 외주)에 간반을 돌려주고 그것에 의해 부품 보충을 한다(납입간반).

(5) (3)에서 B공정의 스토어에서 C공정이 물건을 빼갔을 때 B스토어의 물건에 붙었던 간반을 떼어내서 B공정의 생산지시로 한다. B공정은 그 간반을 갖고 A스토어에서 조재 a를 인수, 가공해 간반을 붙여 B스토어에놓아둔다(인수 · 생산지시간반 · · · A공정과 B공정 간반 1매당 수량이 같을 때만 가능).

(6) (5)에서 A공정 스토어에서 B공정이 물건을 가져갔을 때 A스토어에 붙어있던 간반을 떼어내서 A공정 생산지시로 하고, A공정에서 만들어 A 스토어에 놓아둔다(생산지시간반).

순서생산이라는 것은 평준화생산을 하는 하나의 방법으로, 한꺼번에 출하되는 경우가 있기 때문에 간반 몇 장을 같이 떼어낼 때 어느 간반에서부터 생산하면 좋을지 모르므로 미리 순서를 정해 생산하는 방법이다. 이를 위한 도구로 생산지시 순서판이 있다.

이것은 일반적으로 미리 일별 생산수량 비율에 의해 나누어진 자리를 간반포스트 등에 만들어 놓고 여러 가지 품번이 나온 간반을 거기에 넣어 자동적으로 생산순서를 정하는 방법이다. 이때 이상생산(긴급생산, 끼어

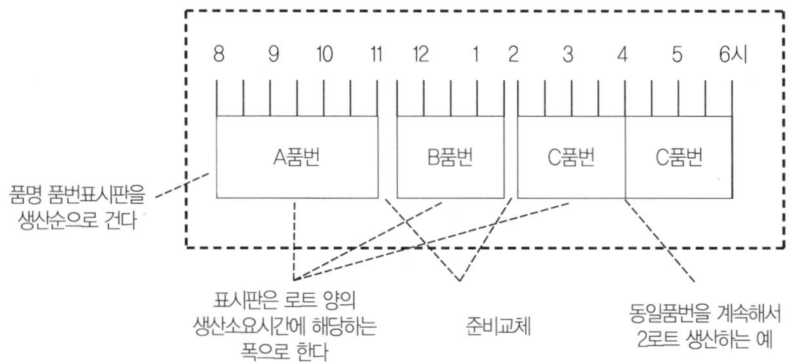

[그림 6-6] 로트생산 순서판의 예

들기생산)에 관해서는 어떤 타이밍에 만들어 갈지 현상을 고려해서 그 자리도 만들어 두면 된다.

● 포인트

① 간반 운용 재검토, 운용방법의 재검토

② 순서생산의 방법 만들기, 생산지시 순서판 등의 제작 · 활용

16. 로트생산에서도 중간재공 순서를 알 수 있는 「장치」가 있는가, 로트당 대략적인 생산시간을 알 수 있도록 되어 있는가

로트생산의 경우에는 신호간반으로 생산지시를 하는 일이 많다. 이때 신호간반을 떼어낸 순서대로 간반에 기재한 로트수량만큼 만들면 된다. 이때 1로트당 생산시간과 다음 준비교체의 예고가 가공라인 · 설비 앞에 게시되면 더욱 좋다(그림 6-6).

간반을 투입하지 않고 지시생산을 하고 있다든가, 편의적으로 간반 같

은 것(지시간반이라고 하는 경우도 있지만 간반에 지시는 없다)으로 생산하고 있을 때도 떼어낸 간반의 생산순서와 소요시간을 알 수 있는 도구를 준비하는 것이 바람직하다(출하가 평준화되지 않아 종류, 양, 타이밍도 불규칙한 경우가 많다).

① 신호간반의 재검토, 신호간반을 잘 활용할 수 있는 도구의 작성

② 로트생산의 생산 순서판의 검토 · 채용

17. 간반 발행방법 · 취급방식이 정해져 있는가, 순조롭게 돌아가고 있는가

15항에서 간반의 운용 방법에 대해서 정비했다. 여기서는 취급방법을 재검토 하거나 정비를 한다. 발행매수를 설정하는 기준 또는 방법이 정해져 있는가. 현재 간반의 발행 상황(매수)을 재검토해 보자.

발행매수 근거가 되는 생산품목(품번), 일별 생산수량, 참고로 출하상황, 설비상황, 수주의 상황, 그 외에 특수사정도 병행해 재검토해 보자.

또한 취급방법은 정해져 있는가. 간반을 언제 떼어내고 붙이는지, 간반을 어디에 붙이는지, 떼어낸 간반은 어디에 놓는지, 간반포스트나 생산지시판은 어떤 것으로 준비하여 사용하는지, 이런 것들은 어디에 설치해야 하는지 등을 정해 놓을 필요가 있다.

① 간반 발행 방법의 재검토, 발행매수의 재검토

② 간반 취급 방법의 룰 재검토, 룰 준수

18. 간반포스트를 필요한 곳에 설치했는가

떼어낸 간반을 기계나 작업대 위에 놓아 두는 것을 자주 발견한다. 이런 경우에는 반드시 전용함을 만들어 그곳에 넣도록 한다. 이런 간반함을 간반포스트라고 한다.

생산라인에 사용하는 간반은 물건에 붙어 있는 이외에는 사용하는 장소(설비, 작업대, 스토어 등)의 가까운 곳에 간반포스트를 만들어서 그곳에 넣어두는 것이 일반적이다.

간반포스트에는 생산이나 공정의 상황에 따라 한꺼번에 한 곳으로 넣는 경우나 출하편, 혹은 일정시간마다 구분한 것이 있다.

> ● **포인트**
>
> ① 간반포스트, 생산지시판의 재검토, 무단 사용의 검토 · 정비

19. 간반의 유지 · 관리 · 보수가 수시로 이루어지고 그 관리가 완비되어 있는가

간반은 출하(생산) 수준이 바뀌거나, 생산품종이 바뀌면 즉시 이에 따라 발행매수, 발행내용을 변경해야 한다.

매월, 출하수량에 변동이 큰 제품(즉, 인수가 평준화되지 않은 제품)에서는 특별히 이상한 달을 빼고 어느 정도 괜찮을 만한 수치를 찾아내어 그 수량을 매월 생산수량으로 인정해 간반을 발행한다. 예상수량의 최고치를 간반발행의 기준수로 해서는 안 된다. 반드시 과잉생산으로 나타나기 때문이다(A-3항 참조).

이렇게 해서 정한 간반매수는 상황의 변화에 따라 변경할 필요가 생길

수 있다. 이런 경우에는 상황을 판단하여 적절하게 하는 일이 중요하며 안이하게 늘려서는 안 된다. 오히려 상시발행매수를 조금이라도 줄이는 방향으로 검토를 계속하는 일이 중요하다.

> ● 포인트
>
> ① 간반의 발행 · 회수 · 매수의 재검토와 유지 · 관리 · 보수를 하는 사람과 책임자를 선정
> ② 간반대장이나 컴퓨터 등으로 관리

20. 도장 · 열처리 등 연속생산 공정에서는 좌석 지정방식이 도입되어 있는가

좌석지정이란 행거에 가공물을 걸어 부스 내를 행거 컨베이어로 이동시켜 도장하고 있는 경우, 어떤 행거에 어느 것을 걸어야 하는가를 미리 정하고 평준화 생산이 되도록 한 것이다. 그러나 이런 방법은 매일 어느 정도 안정된 양이 확보가 안 된 경우는 실시하기 어려운 경우가 많다.

> ● 포인트
>
> ① 좌석지정이 가능한 공정 재검토
> ② 좌석지정의 연구와 실시

21. 지금 무엇을 생산 중인지 그 설비에서 알 수 있도록 되어 있는가

일반적으로 간반을 투입하고 있는 경우에는 가공라인 · 설비의 앞에 '현재 생산 중'이라고 기입한 간반을 게시한다(13항 참조). 간반을 넣지

않은 경우에는 표시판을 만들어서 거기에 카드와 같은 것을 첨부하든지, 손으로 써서 표시하도록 한다.

① 현재 생산 중이라는 게시판의 작성 · 게시

22. 라인이나 설비의 정지 이유를 알 수 있도록 되어 있는가
(간반대기, 생산지시대기, 고장, 불량, 계획정지, 준비교체 등)

정지 중인 라인 · 설비에는 그 이유를 게시한다. 간반대기, 생산지시대기, 결근, 품질트러블정지, 설비트러블정지, 계획정지, 순간교체 중, 교환 중 등을 알 수 있도록 한다. 어느 라인 · 설비도 같은 형식과 크기의 표시판으로 같은 위치에서 게시가 되도록 하고 또 글자는 정확하고 일정한 크기로 하는 것이 바람직하다.

① 정지이유 표시판의 연구와 작성 · 실시 운용

23. 다음 준비교체 예정시각과 생산제품의 품번을 알 수 있도록 되어 있는가

다음 준비교체 예정시간과 다음 생산할 제품의 품번을 알 수 있도록 설비 앞에 게시한다. 어떤 표시방법을 하면 좋을지 연구를 해야 한다. 어떤 타이밍으로 게시할 것인지도 정해야 한다. 이에 관한 요령서도 갖추는 것이 좋다.

24. 다음 생산의 부자재 등을 준비할 타이밍을 알 수 있는 「장치」가 되어 있는가

다음 생산의 재료나 부품, 포장재료 등을 언제, 누가, 어떻게 해서 준비하는가를 정하는 일은 중요하다. 그 요령서와 기준서가 있으면 좋을 것이다. 그대로 실행하기 위한 교육도 필요하다. 일반적으로 이런 준비는 릴리프 맨이 하기로 한다. 하는 사람이 정해져 있는데도 작업자가 하거나 정해진 수량, 로트 양보다도 많거나 적어서도 안 된다.

25. 긴급품 · 끼어들기물건을 언제, 어떤 타이밍으로 생산할지 알 수 있도록 되어 있는가

긴급품 · 끼어들기물건이 발생했을 때의 생산편입, 로트의 크기 및 타이밍, 현재 생산 중인 물건은 어떻게 할지 등에 대해서 정해져 있는가. 생산지시 순서판을 이용하는 경우에는 특급석과 지정석을 만들어 우선생산이 자동적으로 이루어지도록 되어 있는가(B-15, 41항 참조).

26. 생산의 진행 상황을 알 수 있도록 되어 있는가

현재 현장에서의 생산 상황은 앞서고 있는지, 적당한지, 늦어지고 있는지, 또한 전후공정의 밸런스가 잡혀 있는지, 전후공정에 대해서 적절한지 알 수 있도록 되어 있는가. 현장에서 무엇을 보면 알 수 있는가. 전공정이나 자기 공정의 스토어의 양 · 재공 상황, 후공정의 진척 상황, 생산관리판(B-27항 참조)의 기입내용을 보면 알 수 있도록 해야 한다.

간반을 쓰는 현장에서는 간반이 모인 상태로, 또 생산지시 순서판을 쓰고 있는 부서에서는 그 진행 상황으로 알 수 있도록되어 있는가(B-30항 참조).

27. 생산관리판을 활용하고 있는가

조립 · 마무리 · 가공 등의 공정에서 생산관리판을 사용하고 있는가. 단위시간(통상30분 또는 1시간)마다 계획과 그 실적, 차이와 이유를 기입한다. 진도관리로만 이용하고 있는 현장이 있지만, 본래 목적은 예정대로 만들지 못한 이유를 현장에서 파악, 해결해서 멈추지 않고 지연되지 않는 라인으로 하는 것이다. 즉 개선의 도구로서 역할을 담당하고 있는 것이다(그림6-7).

누가 기입하고 있는가. 누가 어떤 타이밍으로 체크하고 있는가. 매일 밀리지 않고 예정대로 생산이 되고 있는가.

늦었을 때 어떻게 조치를 취하고 있는가. 또 이상이 발생한 경우 그 원인의 추궁과 재발 방지를 어떻게 실시하고 있는가.

● 포인트

① 생산관리판을 작성, 현장의 해당 설비 앞에 게시

② 매일 · 매시 체크하여 진척관리와 개선에 활용

○○○ 생산관리판

(품명 · 품번) _______________ (라인 · 호기) _______________ 년   월   일

시간	계획수량	실적	차이	이유와 조치
8:00 – 9:00				
9:00 – 10:00				

[그림 6-7] 생산관리판의 예

28. 필요한 생산지표(생산량, 생산성, 가동률, 준비교체시간, 불량건수, 순간정지, 순간트러블 등)의 추이를 나타내는 그래프가 현장에 효과적으로 게시되어 있는가

생산에 관한 지표(생산량, 생산성, 가동률, 준비교체시간, 불량건수, 직행률, 순간정지, 순간트러블 건수 등)는 공정마다 필요한 데이터를 준비해 둘 필요가 있다. 상황에 따라 월간, 일간, 시간당, 교대 근무별 추이를 나타내는 그래프가 필요하다. 이런 그래프가 현장에 게시되어 목표 미달과 이상치를 나타냈을 경우에는 즉시 이유와 대책을 그래프에 기입하는 일이 필요하다. 이 때문에 그래프는 전지 정도의 크기에 매직펜 등으로 크게 쓰는 것이 좋다. 누가 어떤 타이밍에 기입하는지, 그리고 누가 체크하고 조치를 취하는지를 정해 놓는 것이 필요하다.

> ● 포인트
>
> ① 필요한 데이터 설정과 현장 게시
> ② 데이터 관리 · 운용방법을 정해 관리 책임자와 기입자를 정해 실시

29. 문제점과 대책, 개선의 상황 등이 현장에 크게 붙어 있는가

모델라인에서는 여러 가지 문제점이 발생하고, 생산량, 생산성, 불량건수 등의 목표를 달성 못한다든지, 생산성 향상을 위한 대책을 저해하는 현상이 발생하기도 한다. 이런 경우에는 원인을 찾아내어 대책, 개선을 실시해 나가야 한다. 전지 크기정도의 큰 용지를 현장에 게시하고 거기에 불합리나 개선해야 할 항목을 발생할 때마다 기입하고 조치 · 개선한 내용을 써 나간다. 가능한 누구나 알 수 있도록 매직펜 등으로 알기 쉽게 간단히 쓰는 것이 좋다. 특히 효과가 큰 개선이나 뛰어난 개선, 새로운 감각의 개선 등은 기록으로 남겨 두거나 많은 사람에게 알리고 싶은 것은 별도의 전지에 모아 게시한다.

이런 일은 현장 사람의 관심을 높이고 참가의식을 향상시키며, 또한 공개함으로써 여러 의견도 기대할 수 있고, 개선에 참가한 사람의 사기는 더욱 높아져 개선이 점점 활기를 띄게 된다. 또한 관리자나 감독자는 체크와 조치를 쉽게 할 수 있게 된다(그림 6-8).

● 포인트

① 문제점 대책, 개선실시표 작성 · 기입 · 게시

② 개선사례집의 작성 · 게시

번호	날짜	공정 · 설비명	문제점	조치	원인 · 대책	실천일	실시자	비고

[그림 6-8] 문제점 대책 · 개선실시표의 예

30. 간반 · 스토어가 「눈으로 보는 관리」의 도구 역할을 하고 있는가

26항에서 해설한 바와 같이 간반 · 스토어에 의해 진척 상태(늦는 상태나 진행상태)를 알 수 있도록 해야 한다. 그러나 표시에 사용하는 매수나 크기의 설정이 정확하지 않으면 지금 상황에서 좋고 나쁨의 판별이 안 된다. 따라서 19항과 같이 항상 유지 · 관리 · 보수를 하는 일이 필요하다. 이런 간반관리가 정확히 되고 있다는 것을 확인한 다음, 간반 유동 상황이나 스토어에서의 「물건」의 움직임에 불균형이 있거나 항상 간반이나 「물건」이 남는 기분이 들거나 반대로 부족하거나 하는 경우는 무언가 이상이 있는 것이므로 그 원인을 찾아내어 손을 쓰는(개선) 일이 중요하다.

① 간반, 스토어관리 상황과 그 활용 상황의 재검토

31. 이상(異常)은 무엇이라고 정하고 있는가, 이상이라는 것은 정상이나 표준에서 벗어난 때라고 정하고 있는가

　여기서 말하는 이상이라는 것은 돌발적으로 발생하는 문제를 일반적으로 말한다. 이상이란 무엇인가를 정한 경우 그 취급방법에 대해 규정한 '이상조치 기준' 도 필요하다. 단, 이 방식에서 말하는 이상은 '표준작업'(종담당 작업의 순서, 택트타임, 재공의 세 가지를 지칭한다. A-7항, C-1항 참조)으로 일을 진행할 때 표준작업대로 일을 진행할 수 없게 되었을 때를 말한다. 워크나 부품의 결품, 불량, 설비·치공구의 문제점, 인적요인 등에 의해 일어난다. 표준작업대로 작업을 진행할 수 없게 되었을 때가 개선의 찬스다. 표준작업대로 작업이 진행되고 있는지 항상 감시하는 것이 중요하다. 표준작업에 관해서는 체크리스트 C '표준작업' 에서 자세하게 체크하겠다.

① 일반적인 '이상조치표준' 의 재검토·정비

② 표준작업대로 작업을 진행할 수 없을 때의 조치 방법의 기준과 감시

32. 이상(異常)을 알 수 있게 되어 있는가, 이상의 조기발견이 가능하도록 되어 있는가

누가 보아도 이상이라고 판단할 수 있는 지연이나 불균형은 금방 판별된다. 생산관리판, 간반, 스토어 상황, 라인정지, 불량의 대량발생 등으로 판별하기 때문이다(B-26, 27, 30 각항 참조). 그러나 잘 보지 않으면 판별되지 않는 이상에 관해서는 이를 검출할 수 있는 공정을 만들어야 한다. 예를 들면 조립공정에서의 조립 실수나 부품불량의 경우에는 치구에 결합되지 않게 한다든지 작업이 진행되지 못하도록 하는 시스템, 즉 Fool Proof를 준비한다.

또한 조립공정에서는 작업자간의 재공을 없애든지 최소화함으로써 재공 상황을 보면 어떠한 작은 이상으로 인해 택트타임대로 작업이 되지 않고 있는지를 파악할 수 있도록 공정과 표준작업의 완성도를 높여 가야 할 것이다. 여기까지 되어 있으면 작업시간의 불균일은 늦는 것만이 아니라 너무 빠른 것도 문제시 함으로써 공정 생략 등의 문제점을 발견할 수 있게 된다.

● 포인트

① 라인 · 설비 안에 이상을 알 수 있도록 하고, 이상을 배제할 여러 가지 「시스템」, 「장치」의 연구와 설치의 증진

33. 이상(異常)에 의해 설비 · 라인이 자동적으로 멈추게 되어 있는가

이상으로 라인이 자동적으로 정지하는 것을 「인변 자동화」라 한다. 이상이 발견됐을 때 Fool Proof, 검지기, No Work Full Work System(AB 제어시스템) 등을 활용해 자동적으로 설비나 컨베이어가 멈추는 장치를

연구한다. 이 '이상으로 정지한다' 라는 것은 정지시킴으로써 정지하지 않으면 계속 발생되는 낭비를 방지하기 위한 것도 있지만, 그것보다도 두 번 다시 같은 원인으로 정지하지 않도록 한다는 측면이 더 중요하다. 즉 '이상으로 멈춘다' 라는 것은 '이상이 없어서 멈추지 않는 라인으로 한다' 는 의미이기도 하다(〈그림 6-9〉, 〈그림 6-10〉 참조).

No Work Full Work System, AB제어시스템의 포인트를 알아보자.

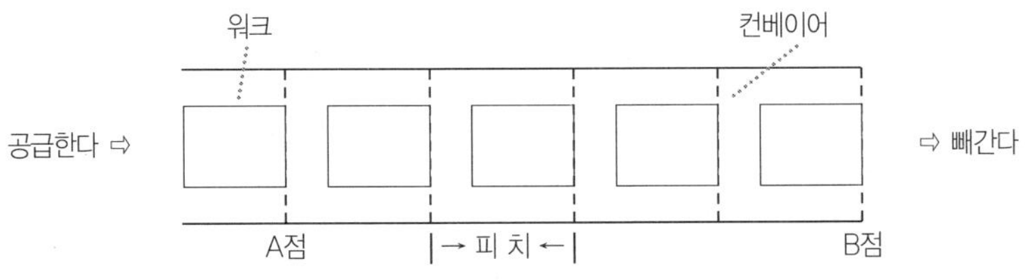

[그림 6-9] 노워크 · 풀워크시스템

(1) No Work Full Work System

· A점에 워크가 있고, B점에 워크가 없을 때만 컨베이어가 움직이도록 한다.

· A점에 워크가 없을 때는 멈춘다. 이것을 노워크라 한다.

· B점에 워크가 있을 때는 멈춘다. 이것을 풀워크라 한다.

(2) AB제어시스템

· 노워크 · 풀워크의 생각을 버퍼를 가진 자동기에 전용한 것

· 워크가 A점에 안 올 때는 2공정은 움직일 필요가 없다.

· 워크가 B점에 남아 있을 때도 2공정은 움직일 필요는 없다.

● 포인트

① 라인, 설비의 자동정지 시스템의 연구와 설치

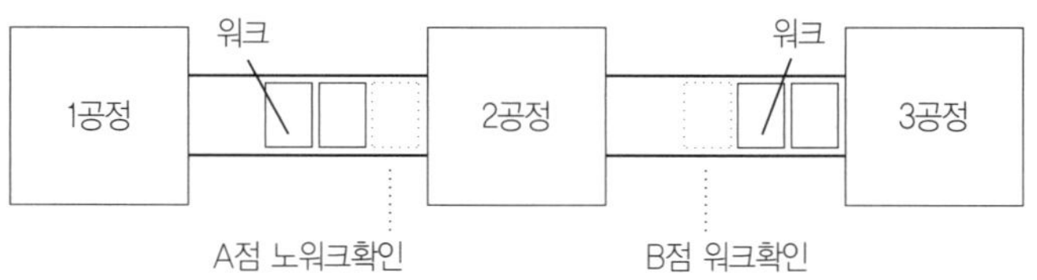

[그림 6-10] AB제어시스템

34. 가공 · 조립 · 마무리 등 사람의 손으로 하는 작업라인에도 이상 발생시에는 라인스톱이 되도록 되어 있는가(또 하나의 인변 자동화)

사람에 의한 작업의 이상은 31항에서 해설한 것과 같이 표준작업에서 작업을 진행할 수 없게 된 경우다. 컨베이어 작업에서는 이상이 발생한 곳에서 작업자가 스위치를 눌러 컨베이어를 세워 책임자가 오는 것을 기다리고, 수작업 라인에서는 작업을 중단하고 책임자를 호출하기도 한다. 이 때 다른 작업자도 이상의 조치가 끝나 작업할 수 있도록 회복될 때까지 멈추고 기다리게 된다. 이를 「또 다른 인변 자동화(自働化)」라고 한다.

● 포인트

① 『또 하나의 인변 자동화』가 되어 있는가 재검토 · 정비

35. 이상(異常)을 알리는 「안돈」, 「버저」, 「호출등」 등의 연구가 되어 있는가

발생한 이상을 조기 발견해 알리고 신속하게 개선하는 일이 필요하다. 이를 위해 이상을 알리기 위한 도구로써 「안돈」, 「호출등」, 「호출신호(버저)」 등의 연구가 필요하다. 이상(異常)은 작업자가 자기 마음대로 판단하여 조치하거나 수리를 해서는 안 된다. 반드시 책임자나 정해진 담당자가 해야 한다.

① 이상을 알리는 도구의 연구 · 제작 · 설치

② 이상 호출시의 조치를 결정하고 그 준수 여부 감시

36. 이상 발생시에 신속한 조치를 취할 수 있는 체제가 되어 있는가

이상을 알게 되었을 경우에는 조속한 조치와 대책이 필요하다. 이를 위해서는 전담 릴리프 맨을 배치한다든가 라인 책임자가 담당라인의 안정생산유지에 전념할 수 있도록 체제를 구축해 두는 것이 중요하다. 이러기 위해서는 책임자가 트러블 조치 등으로 바쁘지 않도록 해야 한다.

① 이상조치의 책임자와 조치 · 대책을 담당하는 담당자의 선정

37. 이상조치 방법이 정해져 있는가, 작업자 임의의 판단으로 하지 않도록 되어 있는가

35항 및 36항을 고려하여, 이상의 판단기준을 정해 작업자는 이상을 발견하면 담당자에게 신속하게 알리고, 작업자의 임의적인 판단으로 조치하지 않도록 되어 있으면 된다.

① 이상을 발견했을 때 작업자의 행동 체크

38. 이상이 기록되고 있는가, 이상의 재발방지 대책은 확실하게 강구되어 있는가

라인별·설비별로 이상의 기록을 한다. 작업자에게 기록시키는 경우에는 부담이 되지 않도록 연구를 한다. 일반적으로 작업자는 쓰는 일을 싫어하기 때문에 펜 없이 해결할 수 있도록 한다. 예를 들면 주판형의 기록기를 준비해 이상이 한 건 생길 때마다 한 알씩 옮겨 작업종료시에 그것을 본 책임자가 기록을 하게 하는 등 여러 가지 연구를 해볼 수 있을 것이다. 그 데이터를 바탕으로 대책과 개선을 진행해 나가는 것은 당연한 일이다.

● 포인트

① 이상의 기록 수집과 그 연구

② 그것에 기준한 대책, 개선의 확인

39. 간반 종류의 선정이 적절한가(일상간반, 신호간반, 좌석지정, 특수간반 등)

간반은 일상간반이 원칙이다. 그러나 상황에 따라 변칙적인 간반을 사용하는 경우도 있다. 그런 경우에는 상황에 맞는 것이어야 한다. 변칙적인 간반이라 함은 삼각(신호) 간반, 좌석지정, 대차간반, 상자간반, 탁구공간반 등이 있다(B-14항, 16항, 20항 각항 참조).

● 포인트

① 간반 종류가 적절한지 재검토

40. 간반을 투입하고 있는 공정의 생산지시는 전부 간반으로 하고 있는가(간반

간반을 투입한 라인은 그 라인에서 생산하는 전체의 제품·품번을 간반생산해야 한다. 일부 간반생산, 일부 지시생산이라고 하는 일은 있을 수 없다. 잘 만들 수 있는 품번부터 실시한다고 해서 큰 로트만 간반으로 생산하는데, 이렇게 하면 간반의 기능이 퇴색한다.

● 포인트

① 라인에 간반을 사용하는 경우, 그 라인에서의 생산지시는 전부 간반으로 하고 있는지의 체크와 개선

41. 긴급생산, 끼어들기생산, 임시생산(극소량품, 시작품 등)을 간반투입 공정에 흘리는 경우, 그것도 간반으로 실행할 방법이 연구되어 있는가

극소량품, 단발적인 특수사양제품, 시작품 등 반복생산을 할 수 없는 경우에는 한 번만 사용하고 생산 후는 회수하는 일회용간반(임시간반, 경사진 간반, 한정지시 간반, 끼어들기 간반 등)을 활용해 모든 것을 간반으로 생산하는 연구를 한다. 이때 어떤 타이밍에 일회용 간반을 넣을 것인지 그것을 자동적으로 하는 생산지시 순서판과 같은 「장치」가 필요하다(B-25항 참조).

그러나 정류화 구상의 스텝에서는 극소량의 단발품, 이형(異形)품, 시작품, 특수품 등의 전용특수라인을 검토했지만, 공장·현장의 사정이 여의치 않을 경우에는 양산라인에 어떻게 넣느냐 하는 일이 된다.

일반적으로는 이것도 일회용 간반으로 생산하지만 시작품이나 또 기술적으로 미해결 분야가 많은 제품, 양의 안정이 안 된 제품의 경우에는 생

산에 요하는 시간을 알 수 없기 때문에, 이때 일반의 통상품 생산에 영향을 끼쳐 현장에 혼란을 가져올 수가 있다. 그래서 이들을 양산라인에 적용할 때에는 모든 상황을 고려해서 손으로 생산지시를 내릴 수밖에 없다. 이렇게 되면 간반을 도입한 의미가 퇴색된다. 따라서 특수 생산라인은 꼭 필요하다.

● 포인트

① 특수품 생산의 생산투입, 간반적용의 검토 · 실시

② 특수 생산라인의 검토 · 실현

42. 품번은 관리번호(단축번호 또는 등번호)로 표시되어 있는가

간반생산은 간반으로 생산 · 운반을 지시하는 것이므로 누구나 틀리지 않도록 알기 쉽게 되어 있어야 한다. 이러기 위해서는 공정 내에서 품번을 관리번호로 바꾸어 운용하는 것이 일반적이다. 관리번호는 등번호라고도 한다. 간반의 판별을 쉽게 하기 위해서 색깔이나 그림을 도입하는 경우도 있다. 예를 들면 임시간반에는 경사진 빨간 선을 넣기도 한다(이것을 경사간반이라고도 한다). 또 간반 구분 작업을 용이하게 하기 위해서나 바꿔 넣을 때 틀리지 않게 하기 위해 간반에 간단한 도형이나 그림을 기입해서 그것을 보고 간반 취급을 하는 일도 있다(B-14항참조).

● 포인트

① 간반 관리번호의 검토 · 실시

체크리스트 C (표준작업)

– 흐름의 시스템(사람, 작업)을 만든다 –

년　월　일부터　　년　월　일까지

사업소		모델라인			(　　공정)
항 목			**평 가**	**판 정**	**비 고**
1. 사람의 움직임을 중심으로 한 작업에 대해 전 공정에 걸쳐 표준작업이 정해져 있는가(택트타임, 표준재공, 작업순서)					
2. 생산의 평준화가 되어 있는가. 또한 평준화에 대한 연구, 노력은 계속하고 있는가					
3. 표준작업의 「공정별 능력표」, 「표준작업 조합표」, 「표준작업표」를 갖추고 있는가					
4. 표준작업표는 현장에서 보기 쉬운 위치를 선정해 통로측을 향해 게시하고 있는가(크기 – A3 size)					
5. 작업은 항상 표준작업대로 진행하고 있는가(작업자 판단에 의한 작업금지)					
6. 작업자에게 표준작업에 관한 교육과 훈련을 두루 실시하고 있는가					
7. 작업자가 표준작업대로 작업을 진행할 수 없게 되었을 때에는 라인을 정지시키고 책임자를 부르고 있는가					
8. 표준작업 재검토에 의한 개선이 항상 진행되고 있는가(표준작업조합표, 표준작업표는 필요시마다 개정하고 있는가)					
9. 반복 작업에서 매번 실시하지 않는 작업(예를 들면 재료교체, 샘플링 검사, 절삭구 교환, 포장 등)에 관해서도 표준화가 되어 있는가					
10. 장치형 설비일지라도 작업은 가능한 한 반복 작업화하는 연구를 하고 있는가, 그것이 어려운 공정인 경우 호출방식으로 하고 있는가					
11. 준비 교체에 관해서 그 수단과 표준 소요시간이 정해져 있는가					

항 목	평 가	판정	비 고
12. 외부작업, 부품공급, 운반 등 라인작업 이외의 작업에 관해서도 표준화가 되어 있는가			
13. 외부작업, 부품공급, 운반 등은 누가 할 것인지 정하고 있는가, 필요에 따라 전담자를 정하고 있는가			
14. 라인 책임자를 분명하게 정하고 있고, 수비범위도 명확하게 하고 있는가			
15. 극소량품, 한정품, 특수사양품 등 비유동품에 관해서 취급법을 별도로 정하고 있는가			
16. 작업 도중 불량이나 트러블이 생긴 경우 처리 방법이 정해져 있는가(호출, 바꿔치기 등 작업자 수정 배제)			
17. 부재 결품시 처리 방법을 정하고 있는가(부재 결품은 극히 적다. 이 때는 라인정지)			
18. 결원 또는 신입, 대체 작업자 투입시 대응 방법을 정하고 있는가(지원, 교대, 릴리프 맨 등에 의한 대응, 소(少)인화 대응)			
19. 반복작업에, 각 작업자의 소요시간에 산포가 없도록 철저하게 대책을 실시하고 있는가(표준작업에서는 1회 작업 사이클이 매회 택트타임과 같지만, 이것은 현실적이 아니므로 스테이지 Ⅲ에서는 경험적으로 10% 이내 산포는 인정한다. 스테이지 Ⅳ에서는 좀 더 엄격한 수치를 지향한다)			
20. 작업지연에 의한 호출인 경우, 라인 책임자는 즉시 지원에 들어가 정상적인 사이클로 돌아가도록 하고 있는가			
21. 약간의 작업 지연인 경우, 전후 작업자의 도움으로 잘 진행되고 있는가			
22. 표준작업에 의해 결정된 양을, 매일 확실하게 실행하고 있는가			
23. 생산관리판을 잘 활용하고 있는가			
24. 페이스메이커를 잘 활용하고 있는가			

항 목	평 가	판 정	비 고
25. 『동시시작방식』으로 작업 시작 시, 언제나 작업자 전원이 일제히 생산 작업에 들어가는가 (작업 종료 시 최종 가공품이 남아있는가)			
26. 『정위치 정지』 원칙을 지키고 있는가			
27. 『땜질』 작업은 없는가			
28. 『외딴 공정』 작업은 없는가			
29. 표준작업이 쉽도록 컴팩트한 레이아웃으로 되어 있는가			
30. 장치형설비의 작업자에 대해서도 작업순서와 표준 소요시간을 정하고 있는가			
판정 항목 수 (스테이지 Ⅲ − 23항목 이상 필요) (스테이지 Ⅳ 스텝 9 − 27항목 이상 필요) (스테이지 Ⅳ 스텝 10 − 30항목 필요)			

6-3 **체크리스트 C(표준작업) 항목과 해설**

1. 사람의 움직임을 중심으로 한 작업에 대해 전 공정에 걸쳐 표준작업이 정해져 있는가(택트타임, 작업순서, 표준재공)

정류화 구상에서 그 대상이 된 라인은 모든 공정에 대해 가능한 한 사람의 움직임을 중심으로 한 반복작업으로 바꿔가야만 한다. 그리고 모든 공정마다 표준작업(택트타임, 작업순서, 표준재공)을 정한다. 대상이 되는 라인은 모델라인으로서 활동하고 있는 라인이다. 택트타임이나 표준공정을 설정했을 때 기초수치(생산품종, 일일 생산량, 1 사이클당 소요시간, 공정

레이아웃과 1 사이클에 대한 작업자 움직임, 설비가공능력 등)가 중요하다
(A-3, A-8, A-11, C-3항 참조).

> ① 대상 전 공정에 걸쳐 반복작업화 검토와 실시
>
> ② 반복작업자의 표준작업화

2. 생산의 평준화가 되어있는가, 또한 평준화에 대한 연구와 노력은 계속하고 있는가

평준화에 관해서는 「흐름화」 A-3항에서 언급한 바 있지만, 다시 한번 검토하기로 한다. 월별생산량, 일일생산량, 과거 6개월에서 1년간 실적 등을 조사해 보자. 출하실적은 평준화되어 있는가. 출하실적이 평준화되어 있지 않은 라인에서는 공정에서 생산을 어떤 식으로 평준화하도록 배려하고 있는가. 어떤 연구와 노력을 해 왔는가. 평준화가 되어 있지 않으면 택트타임 계산은 불가능하다. 그렇게 되면 표준작업도 정할 수 없다.

> ① 공정 평준화 조사와 공정을 평준화시키기 위한 조치
>
> ② 공정 평준화가 어려운 공정의 생산 평준화를 위한 연구와 조치

3. 표준작업의 「공정별 능력표」, 「표준작업 조합표」, 「표준작업표」를 잘 갖추고 있는가

대상 라인에서 전체공정의 「공정별 능력표」, 「표준작업조합표」, 「표준작업표」(3점Set로 불리움)는 만들어 놓았는가. 1항에서 표준작업을 편성할 수 없는 공정 (장치형 설비, 도중에 정지할 수 없는 설비, 설비 자체에서 제조 속도가 결정되는 자동설비 등)에 관해서 정말로 표준작업을 편성할 수 없는지 재검토해 보자. 나아가 표준작업을 할 수 없는 작업에 관해서는 순서(절차)와 소요시간만이라도 표준화해 작업표준을 작성하자(여기서의 작업표준이란 일반적으로 사용되고 있는 작업절차서, 조건서, 기술·품질 등의 기준서, 주의서 등을 가리킬 때, 도요타 생산방식에서 말하는 표준작업과 구별하기 위해 사용되고 있다. 이 항의 표준작업을 편성할 수 없는 공정에 관해서는 C-10항에서도 취급한다).

● 포인트

① 종담당 공정 3Set 확인·검토
② 종담당 공정 이외 공정작업 표준화

4. 표준작업표는 현장에서 보기 쉬운 위치를 선정해 통로 측을 향해 게시하고 있는가(크기 - A3 Size)

「표준작업표」 또는 「표준화된 작업순서와 시간」을 공정이 이루어지고 있는 현장 앞 통로 측에 게시한다. 크기는 A3 Size가 좋다. 통로 측에 게시하는 이유는 작업자가 표준작업대로 하고 있는지를 상사나 감독자가 관찰할 수 있도록 하기 위해서다.

① 표준작업표 또는 절차서를 공정이 이루어지고 있는 현장 앞에 게시

5. 작업은 항상 표준작업대로 진행하고 있는가(작업자 판단에 의한 작업금지)

감독자는 작업자가 표준작업 또는 정해진 대로 작업을 진행하고 있는지 체크를 게을리 해서는 안 된다. 도요타 생산방식에서는 표준작업대로 작업을 진행하는 것이 요구된다. 작업자가 '이 편이 하기 쉽다' 라든가 '빠르다, 능률적이다' 라고 생각해서 자기 방식대로 방법을 바꾸는 것을 절대로 인정해서는 안 된다(B – 31항 참조).

① 감독자에 의한 표준작업 감시와 지도
② 이를 위한 감독자 육성과 그 계획 및 실적 확인

6. 작업자에게 표준작업에 관한 교육과 훈련을 두루 실시하고 있는가

작업자에게 표준작업대로 작업시키기 위해서는 작업자가 정확하게 순서와 포인트를 외워서 기술을 향상시킬 필요가 있다. 이를 위해서는 작업자에게 충분한 교육과 훈련을 시켜야 한다. 다기능화에 대한 배려도 필요하다. 작업자별로 표준작업에 관한 교육ㆍ훈련 계획과 실시 상황, 기술 습득 상황을 자료나 데이터로 나타낼 수 있는가(A-10항 참조).

7. 작업자가 표준작업대로 작업을 진행할 수 없게 되었을 때에는 라인을 정지시키고 책임자를 부르고 있는가

무엇인가 이상이 발생한 경우 작업자가 스스로의 판단으로 작업하지 않도록 하는 것이 매우 중요하다. 작업자는 라인을 정지시키고 책임자를 불러 그 지시에 따라야 한다. 그러기 위해서는 어떤 경우에 라인을 정지해야 할 것인지를 정해 놓아야 한다. 또, 라인을 정지시키지는 않더라도 어떤 경우에 책임자를 불러야 하는지 정해 놓을 필요도 있다(예를 들면, 작업 지연, 부품결품, 자재 청구, 생리적 요구 등. B-31, 34항 참조).

작업자가 호출하기 쉽게 고안되어 있으면, 작업자는 마음 편히 호출할 수 있게 된다. 이를 위한 제반 준비(안돈, 호출등, 버저, 호루라기, 표시판 등)를 연구한다. 또 '이상시 호출'과 이로 인한 '라인 정지'의 기록, 호출할 필요가 있는데 호출을 하지 않아 트러블을 발생시킨 경우의 기록 등을 취해 그 대책을 강구해 나가면 점점 라인정지는 줄어갈 것이다.

8. 표준작업 재검토에 의한 개선이 항상 진행되고 있는가(표준작업 조합표, 표준 작업표는 필요시마다 개정하고 있는가)

'표준작업'과 '표준화된 작업'이 한 번 만들어졌다고 해서 항상 그대로 머물러 있어서는 안 된다. 더 적절하고 효과적인 것으로 끊임없는 개선 노력이 필요하다. 개선된 경우에는 즉시「표준작업표」와「절차서」를 개정한다. 이때 개정 이력도 남겨 놓는다.

● 포인트

① 표준작업표, 절차서의 개정과 이력

9. 반복 작업에서 매번 실시하지 않는 작업(예를 들면 재료 교체, 샘플링 검사, 절 삭구 교환, 포장 등)에 관해서도 표준화가 되어 있는가

반복 작업의 경우 여러 사이클당 한번 실시하는 작업(절삭구 교환, 세척, 첨가, 부품상자 교환, 샘플링 검사, 포장)도 표준작업에 포함되어 있어야 한다. 표준작업 조합표, 표준작업표에 나타나 있는가.

● 포인트

① 여러 사이클에 한번 실시하는 작업의 표준작업 도입 재검토

10. 장치형 설비일지라도 작업을 가능한 한 반복 작업화하는 연구를 하고 있는 가, 그것이 어려운 공정인 경우 호출방식으로 하고 있는가

장치형 설비 등 표준작업화가 어려운 공정에서도 C-1항, C-3항에서

가능한 한, 반복 작업화나 순서표준화가 가능하도록 해 왔다. 여기서 다시 한번 반복 작업화와 전담 작업화에 관해 재검토해 보자. 작업이 비정기적으로 랜덤하게 발생하는 공정에는 호출방식을 도입하는 것이 바람직하다. 호출방식이란 필요한 작업(예를 들면 제품상자 교체, 순간트러블 조치 등)이 발생한 경우, 그 공정에서 호출 신호를 함으로써 전담 작업자에게 알리고 작업자가 그 장소로 직행해 필요한 작업을 하는 방식이다. 이를 '콜택시 방식'이라고도 한다. 이에 비해, 항상 정해진 코스를 돌며 작업이 필요할 때 그 작업을 하는 방식을 '택시 방식'이라고 한다. 운반에서 같은 코스를 반복해서 계속 돌고 있는 물방개 방식도 택시 방식의 하나라고 할 수 있다.

호출 방식의 경우 작업자는 일정하게 정해진 위치에서 대기하고 있는 것이 중요하다. 일이 없다고 해서 호출이 없는데도 감시 작업이나 순간트러블 조치 등을 해서는 안 된다. 하물며 무언가 바뀐 점은 없는가, 무언가 할 일이 없는가하고 마치 주문받으러 돌아다니는 것과 같은 행동을 해서는 안 된다. 이 방식에서는 어떤 경우에 호출할 것인가를 정하고 어떤 타이밍에 어떤 수단을 사용할 것인지 준비가 정확하게 되어 있어야 한다. 또 이에 맞는 전담 작업자 인원수와 작업 구분 및 작업 영역을 정한 표준이 요구된다(이런 것들이 잘 진행되기 위해서는 순간정지, 순간트러블, 불량 발생 등의 상태에 대한 철저한 대책과 부정기적으로 발생하는 작업 개선 및 표준화 대처가 필요하다. 이들에 대해서는 이후 항목에서도 다시 취급될 것이다). 이렇게 함으로써 발생하는 작업이 점점 줄어들면 그만큼 인원을 줄일 수 있게 된다. 문제점이 없어서 할 일이 없어지면 인적요소는 필요 없게 된다 (C-1, C-3항 참조).

11. 준비교체에 관해서 그 순서와 표준 소요시간이 정해져 있는가

　　체크리스트 A-12항에서는 준비교체시간의 단축에 대해 다루었다. 이 생산방식에서 준비교체시간의 단축은 필수항목이다. 더욱 더 단축 목표를 내세워 추진해야 한다. 이 항목에서는 준비교체 작업을 표준화한다. 표준서에는 작업인원과 작업분담, 순서, 소요시간, 내준비와 외준비 구분 등도 명기한다.

12. 외부작업, 부품공급, 운반 등 라인작업 이외의 작업에 관해서도 표준화가 되어 있는가

　　표준작업에서 반복작업에 포함시킬 수 없는 일은 외부작업으로서 다른 사람이 하게 된다. 일반적으로 부품공급, 부재 · 제품 등의 운반, 불량수정, 특별히 부가된 작업 등이 이에 해당되는데 이들도 규정화되어 있어야 한다. 외부 작업화가 되어 있고 이들을 나타내는 표준서가 필요하다(B-24항 참조).

13. 외부작업, 부품공급, 운반 등은 누가 할 것인지 정하고 있는가, 필요에 따라 전담자를 정하고 있는가

이 항목에 관해서도 이미 체크리스트 B-24항에서 언급했다. 외부작업은 라인 작업자가 표준작업대로 일을 진행하도록 하기 위해 다른 사람이 실행하며 전담화하는 것이 최선이다. 그러한 경우 순번표를 만들어 누가 언제 그 임무를 맡게 되는지 알 수 있도록 한다. 외부작업자와 라인작업자를 구분하기 위한 표시가 있으면 된다. 모자 색을 바꾸거나, 리본이나 배지를 달거나, 가슴이나 등에 붙이는 번호표 등 여러 가지가 가능하다(B - 24항 참조).

14. 라인 책임자를 분명하게 정하고 있고, 수비 범위도 명확하게 하고 있는가

라인에 대한 직접적인 책임자는 정하고 있는가. 일반적으로는 그 직장의 감독자나 라인 리더가 책임자에 해당된다. 라인 책임자는 그 담당 라인과 설비가 정해져 있어 전임이면서 라인 안에 포함되어 있지 않아야 한다. 라인 작업자의 한 사람이 되어서는 안 된다. 라인 책임자는 자신의 라인이 문제없이 효율적으로 물건을 만들어 갈 수 있도록 표준작업대로 작업이 진행되고 있는가를 감시하고 잘못된 부분은 바로 고쳐야 한다.

● 포인트

① 라인 책임자의 재검토 · 선임

② 라인 책임자의 지도 실시와 체크

15. 극소량품, 한정품, 특수사양품 등 비유동품에 관해서 취급법을 별도로 정하고 있는가

여기에서 비유동품이란 대량생산 흐름라인에 올리지 않거나 올릴 수 없는 제품을 말한다. 극소량품, 한정품, 특수사양품, 시작품, 시험품 등을 양산라인에 올리면 표준작업을 할 수 없게 되어 생산의 혼란을 일으키는 경우가 있다.

이들 제품까지도 흡수 가능한 표준작업으로 하려면 매우 조잡하고 지금까지의 제조방식과 별 차이가 없는 것이 되고 만다. 그래서 이들 특정품이 왔을 때에는 어떻게 대응할 것인가를 정해 양산품과는 다른 제조방식을 생각해야 한다. 일반적으로는 특정품을 생산하는 전용라인을 설치하고 그것을 이용하도록 한다. 시작 라인이라든가 독립 라인(특수품 라인) 등이 이에 해당한다.

● 포인트

① 특수품을 추출, 그 제조방법에 관해 검토를 실시하고 표준화하여 라인을 설정

16. 작업 도중 불량이나 트러블이 생긴 경우 처리 방법이 정해져 있는가(호출, 바꿔치기 등. 작업자 수정 배제)

작업 중 품질불량 발생, 설비고장, 부품불량 발생, 치구 등에 트러블이 생긴 경우, 그밖의 이유로 일을 진행할 수 없게 된 경우 등 이상이 발생한 경우의 조치나 대응 방법에 관해서 항목별로 자세하게 정하고 있는가. 예를 들어 '불량품이 나오면 발견 즉시 감독자를 불러 지시를 받도록 하고 있다' 라든가 '불량품에 대한 대체품이 준비되어 있어 그것과 바꿀 수 있도록 되어 있다' 는 등의 대응 방법을 말한다. 말하자면 이상이 발생한 경우, 작업자가 임의로 판단해 조치나 수정을 마음대로 하지 않도록 하는 억제 수단을 가지고 있는가가 중요하다(B-9, B-35, B-37, C-12항 참조).

왜 작업자가 마음대로 판단해서 조치해서는 안 되는가. 그것은 표준작업대로 작업을 진행할 수 없게 되어 그 날의 필요수를 만들 수 없게 되기 때문이다. 더욱이 작업자 마음대로 한 경우, 문제점이 감추어져 모처럼의 개선 기회를 잃어버리게 될 뿐만 아니라 동일한 문제를 재차 발생시켜 생산성을 저해하기 때문이다.

> ● 포인트
>
> ① 이상 발생시 조치의 표준화 재검토

17. 부재 결품시 처리방법을 정하고 있는가(부재 결품은 극히 적다. 부재 결품시에는 라인정지)

작업 중 부재가 결품된 경우, 작업자가 마음대로 가지러 가거나 부득이하게 다른 품번을 만들거나 하지 않도록 하는 억제 장치가 필요하다. 기본적으로는 라인을 정지시키고 호출장치로 책임자를 불러 그 지시에 따른다.

　이런 일이 빈번하게 일어나면 생산에 커다란 영향을 미치고 생산성도 저하되므로 부재 결품이 발생되지 않도록 대책을 강구해 절대로 이런 일이 재발하지 않는 조치를 취해야 한다.

18. 결원 또는 신입, 대체 작업자 투입 시 대응 방법을 정하고 있는가(지원, 교대, 릴리프맨 등에 의한 대응, 소인화 대응)

　작업자 결근에 의한 결원 또는 신입이나 대체 작업자가 라인에 투입된 경우, 표준작업대로 작업을 진행할 수 없는 상황에 빠지는 경우가 있다. 이런 경우 어떻게 할 것인지 정하고 있는가. 일반적으로 응급조치의 일환으로 책임자가 라인에 투입되거나 인원을 늘리는데 이 방법에 관해서도 표준화해 두면 된다. 이런 경우 당황하지 않도록 평소에 응급조치 규칙을 정해 둔다. 또 다기능공화 훈련, 릴리프맨 제도 정비, 소인화 개선을 통해 소수 인원으로도 작업할 수 있는 라인으로 준비를 해 놓아야 한다. 릴리프맨 제도란 우수한 인재 몇 명을 모아서 평소에는 공정 관리·개선이나 기계 보전에 전념하게 하고 결원이 발생한 경우 그 릴리프로서 구멍난 라인을 채우도록 하는 제도이다.

19. 반복작업에서 각 작업자의 소요시간에 산포가 없도록 철저하게 대책을 실시하고 있는가(표준작업서는 1회 작업 사이클이 매회 택트타임과 같지만, 이것은 궁극적 모습이다. 이것은 현실적이 아니므로 스테이지 Ⅲ에서는 경험적으로 10% 이내의 산포는 인정한다. 스테이지 Ⅳ에서는 좀 더 엄격한 수치를 지향한다)

라인 책임자는 항상 각 작업자의 작업시간을 파악해 〈그림 6-10〉처럼 피치 다이어그램으로 나타내어 택트타임 라인을 기입하고 작업시간을 택트타임과 같아지도록 작업개선과 밸런스를 꾀한다.

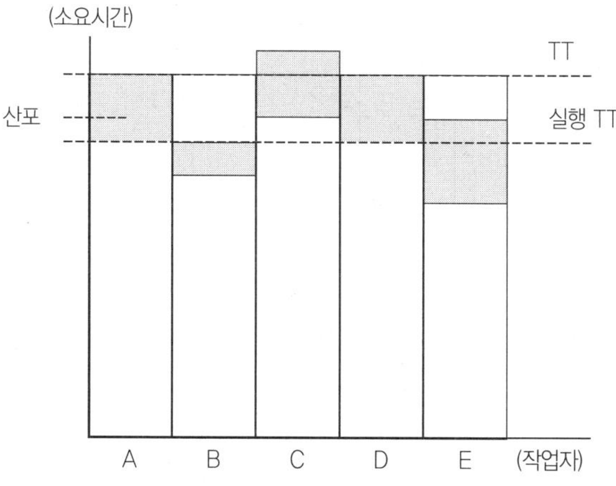

[그림 6-10] 라인작업의 소요시간과 산포의 관계

이때 현실적으로는 〈그림 6-10〉에서 나타낸 것처럼 매회 작업마다 산포가 발생한다. 산포가 크면 측정한 작업시간 중 어느 것을 소요시간으로 해야 좋을지 알 수 없게 된다. 이때 대부분은 평균 소요시간을 취하는데 이것은 잘못된 것이다. 도요타 생산방식에서는 가장 짧은 시간을 취하도록 되어 있으며 이것으로 공정을 편성하도록 되어 있다. 그러나 현실적인 문제로 매번 그 시간 안에 물건을 생산하는 것은 어려우므로 매일 필요한 양을 생산할 수 없을지도 모른다. 그래서 우선은 최소한(우선 10%)의 산포를 인정해 그에 대응한다. 이 방법을 생각해 낸 것이 10%법이다. 이때에 택트타임은 10% 작아진다. 이것을 실행 택트타임이라고 부른다. 산포의 상한선이 택트타임 안에, 하한선이 실행 택트타임 안에 맞도록 각 작업자의 일을 편성해 가면 상당히 현실적인 공정이 됨을 경험적으로 알 수 있게 된다.

● 포인트

① 반복작업에서 각 작업자의 소요시간 산포를 재검토 한 후, 작업 개선
② 반복작업에서 택트타임 및 실행 택트타임을 기준으로 한 밸런스의 재검토와 표준작업의 개선

20. 작업지연에 의한 호출인 경우, 라인 책임자는 즉시 지원에 들어가 정상적인 사이클로 돌아가도록 하고 있는가

C-7항에서 작업지연이 발생한 경우에 작업자는 「호출」로 라인 책임자를 부르고 책임자는 즉시 조치 및 대책을 강구하도록 대처했다. 표준작업대로 진행할 수 없고 필요수를 확보할 수 없을 경우에는 응급조치로 라인에 들어가 먼저 지연을 만회해야 한다. 이는 표준작업대로 작업이 진행되어 계획된 생산수치가 될 때까지 실시한다.

21. 약간의 작업 지연인 경우, 전·후 작업자의 도움으로 잘 진행되고 있는가

표준작업으로 일을 진행해 갈 때 약간의 지연이 생긴 경우, 지연된 작업자의 작업을 전·후 작업자 누군가가 도와주도록 한다. 이때 도와주는 작업 범위를 미리 정해 둔다. 이것을 도움 작업 구역이라고 하는데 이 범위를 넘지 않도록 한다. 작업자는 이 범위의 작업이 가능하도록 훈련해 둘 필요가 있다. 이것을 다기능화라 한다. 단, 공정개선 기간 중에 지연이 발생한 경우는 표준작업이 타당한지 아닌지 알 수 없게 되므로 서로 돕지 않도록 한다.

22. 표준작업에 의해 결정된 양을 매일 확실하게 실행하고 있는가

표준작업으로 생산이 진행되고 있는 공정에서는 매일 평준화된 하루 필요량을 정시에 확실하게 만들어야 한다. 지금까지 라인에 문제가 발생해 생산이 늦어졌을 경우에는 책임자가 즉시 조치를 취하는 등 대책을 실시했는데 그래도 일일 단위가 되면 필요량이 미달되거나 초과되는 날이 발생한다. 그래서 현장에서는 매일의 생산 총계와 생산성 그래프를 기입해 확인하도록 되어 있다. 만일 생산이 부족하거나 거꾸로 초과되는 경우에는 개선이 필요하다(B-28, B- 29항 참조).

① 라인 단위 또는 필요에 따라서는 설비별로 매일 생산량, 생산성 그래프
를 작성해 현장에 게시하고 문제점 사항의 개선 실시(전지 크기의 용지
에 매직펜으로 기입하는 것이 좋다).

23. 생산관리판을 잘 활용하고 있는가

B-27항에서 언급했지만 한번 더 살펴보기로 하자. 공정이 완전히 안정
되어 있지 않은 경우에는 생산관리판에 단위시간(보통 1시간)당 생산 총계
를 기록 · 체크한다. 라인 책임자는 매 시간마다 체크를 하고 지연이 발생
한 경우에는 그것을 만회할 조치를 취한다. 또 늦어진 경우에는 그 이유를
기입해 놓는다. 생산관리판은 원칙적으로 라인 제일 마지막에 게시한다.

생산관리판에서 얻을 수 있는 정보에 따라 문제점 개선을 추진한다. 예
를 들면, 부품 연결 관계가 좋지 않아 생산이 지연된 경우에는 즉시 근본
적인 대책을 실시한다.

① 생산관리판 재검토

24. 페이스 메이커(Pace Maker)를 잘 활용하고 있는가

필요에 따라 「페이스 메이커」를 활용한다. 작업효율 향상에 효과가 있

는 경우가 많지만 필수적인 것은 아니다. 생산총계 전광판, 시보(時報)장치, 자동기 등이 있는데 비용을 들이지 않아도 생산관리판이 그 역할을 해낸다. 컨베이어 시스템의 피치마크도 「페이스 메이커」가 된다.

● 포인트

① 페이스 메이커의 필요성 검토와 시스템의 연구 및 실시

25. 「동시시작방식」으로 작업 시작 시, 언제나 작업자 전원이 일제히 생산 작업에 들어가는가(작업 종료 시, 최종 가공품이 남아있는가)

「동시시작방식」이란 같은 라인의 전 작업자가 동시에 작업을 시작하는 방식이다. 이때 일제히 각 작업자의 표준작업 ①번부터 작업에 들어간다. 이를 위해서는 어떤 작업자라도 작업에 필요한 재료 또는 가공물이 있어야만 한다. 따라서 작업종료도 전원이 그 사람의 표준작업의 최종작업까지 가공한 물건을 라인위에 그대로 놓아두게 된다. 이렇게 해서 다음 작업 개시 때에는 누구든지 일제히 표준작업의 ①부터 작업에 들어가게 된다.

● 포인트

① 반복 작업에서 『동시시작방식』의 실시 검토와 채용

26. 「정위치 정지」 원칙은 지키고 있는가

「정위치 정지」란 작업을 정지하거나 중지할 때 반드시 표준작업의 1사이클의 마지막까지 일을 끝내고 정지하는 것이다. 재해 등으로 인한 긴급

정지 이외에는 반드시 정위치에서 정지해야 한다. 이것은 「동시시작방식」
을 위해 필요한 것이며 공정 생략 등에 대한 Fool Proof 역할도 한다.

● 포인트

① 철저한 정위치 정지를 위한 표준화와 교육실시

27. 「땜질」 작업은 없는가

「땜질」이란 표준작업에서 작업자가 대기나 여유가 있다고 해서 '마침
기다리는 시간과 딱 맞는 일이라서', '놀리기는 아까우니까' 라며 시키는
것을 말한다. "여유가 있는데 다른 일을 시키는 것이 뭐가 나쁜가?"라고
반문하는 사람이 있을지도 모르겠지만 이것은 반복작업의 사고방식, 표
준작업에 의한 개선을 현저하게 방해하는 일이다.

● 포인트

① 땜질작업에 대한 조사 및 폐지

28. 「외딴공정」 작업은 없는가

「외딴공정」처럼 혼자서 떨어져서 작업하는 일은 없는가. 이런 작업을
몇 군데로 모아 그룹별로 그들의 일을 처리하도록 한다. 이것을 「집단화」
라고 한다. 외딴공정은 각각의 소공간에 정확하게 작업을 배분하는 것이
불가능하기 때문에 각각의 낭비가 발생한다. 이것을 모으면 작업배분을
효율적으로 할 수 있어 불필요한 인원을 줄일 수 있다.

29. 표준작업이 쉽도록 컴팩트한 레이아웃으로 되어 있는가

표준작업을 하고 있는 공정의 레이아웃은 작업자가 작업을 편히 할 수 있도록 가능한 한 컴팩트하고 걷기 쉽게 되어 있어야 한다. 일반적으로 U라인이나 원형라인으로 하며 작업자는 그 안에 들어가 작업을 하도록 한다.

30. 장치형 설비의 작업자에 대해서도 작업순서와 표준 소요시간을 정하고 있는가

C-10항에서 이미 취급한바 있지만, 여기서는 특히 반복 작업화된 장치형 설비의 작업 소요시간을 재점검한다.

체크리스트 D (과잉생산의 낭비)

– 필요할 때 필요한 만큼 만든다 –

년   월   일부터   년   월   일까지

사업소		모델라인		(　공정)	
항 목			**평 가**	**판 정**	**비 고**
1. 생산계획 수립방법이 표준화되어 있고, 단순하면서도 합리적으로 만들어져 있는가					
2. 생산지시수는 출하수에 맞춘 것이며 일별로 평준화되어 있는가					
3. 지시한 수보다 여분으로 더 만들고 있지 않은가 (여유가 있을 때 만들어 두자는 것은 불가)					
4. 간반생산에서 간반이 나오지 않을 때는 절대로 만들지 않고 있는가					
5. 『만들 수 있을 때 만들어두자』는 식의 비축 생산을 계획하고 있지는 않은가, 비축분은 없는가					
6. 로트생산의 설비에서는 소로트생산을 하고 있는가, 매회 생산하는 로트의 크기는 일정한가					
7. 재료교체 및 준비교체의 효율이 나쁘다는 이유로 출하로트보다 큰 로트로 생산하는 일은 없는가, 또 이를 위한 대책이 세워져 있는가					
8. 공정의 재공이나 스토어의 상황을 보면 간반의 매수나 생산지시 수가 적절한지 알 수 있도록 되어 있는가					
9. 중간재공이나 완성품 모두 정해진 수량 외에는 놓을 수 없도록 되어 있는가					
10. 소요시간에 차이가 있는 제품을 동일 라인에 흘리는 경우에는 그 차이만큼을 흡수하기 위해 어쩔 수 없이 제품을 안고 가는데, 그 최대량이 정해져 있는가(버퍼량의 설정)					
11. 워크 수용수(1상자, 1대당의 투입수)는 제품마다 정해져 있는가, 가급적 작게 설정되어 있는가					
12. 소로트화를 위한 준비교체가 진행되고 있는가 (싱글준비교체로 하고 있는가)					

항 목	평 가	판 정	비 고
13. 표준작업대로 작업을 진행할 수 없게 되어 실제로는 대기해야 할 시간에 다음 작업을 해버리는 경우는 없는가			
14. 모든 작업에서 대기시에 작업자의 판단에 따라 다음 작업을 한다든지, 다른 일을 돕지는 않는가(위임작업의 금지)			
15. 작업개선 중인 모든 라인에서 대기가 발생했을 때 작업자에게는 원칙적으로 일을 하지 말고 기다리게 하고, 대기라는 점을 분명히 하며 그에 대한 개선을 추진하고 있는가			
16. 부족생산은 없는가, 부족생산을 우려해 선행 생산 해버리는 일은 없는가			
판정 항목수 (스테이지 Ⅲ·············· 12항목 이상 필요) (스테이지 Ⅳ 스텝 9 ··· 15항목 이상 필요) (스테이지 Ⅳ 스텝 10 ··· 16항목 필요)			

6-4 체크리스트 D(과잉생산의 낭비)의 항목과 해설

1. 생산계획의 수립방법이 표준화되어 있고 단순하며 합리적으로 되어있는가

대부분의 공장에서는 생산관리 담당이나 일정관리 담당이라는 전담자가 있어 매일 매일의 수주 현황, 고객의 요구, 재고 상황, 재료입하 상황, 설비의 부하 상황, 생산능력의 실적 등 제반 요소를 감안해 경험과 실적을 대조하면서 생산계획을 세워 현장으로 내보낸다. 따라서 생산계획에 관련된 세부적인 것은 그 담당자밖에 모른다. 어떤 사정에 따라 계획대로 되지 않거나 변경하고자 할 때에는 그때마다 사전 협의가 필요하게 되고, 때로는 관계자가 모여 반나절이나 하루 종일 회의를 열어 협의한다. 회의에서 다른 사람은 사정을 잘 모르기 때문에 그 전담자에게 의존하게 된다. 그만큼 담당자의 발언권이 강해진다. 속된 말로 '도사'라고 불리기도 한다.

후공정인수 생산을 하고 있지 않거나 하더라도 충분히 정비되지 않은 곳에서는 통상 현장의 각 공정마다 생산계획이나 지시가 나오므로 각 공정에서는 전후공정의 생산 현황에 관계없이 생산지시대로 제조를 하고 있다. 여기서 후공정이 어떤 이유로 인해 지연되거나 하면 오히려 이런 기회야말로 재고를 만들어 둘 찬스라고 해 열심히 생산을 독려하게 된다.

이 방식의 제조방법은 원칙적으로 평준화 흐름생산으로서 후공정인수 생산으로 하기 때문에 생산지시(또는 출하에 의해 떼어낸 간반)를 최종 공정에 내리면 간반에 의해 순서대로 전공정으로 생산지시를 전하는 시스템으로 되어있다. 이런 시스템이나 공정을 만들어 두면 「도사」가 생산계획을 세울 필요가 없어진다. 단지 당월의 생산수, 일별 생산수를 계산해 제시하면 되고 이에 따라 생산계획과 지시는 현장에서 하면 된다.

그러나 현실적으로는 아직 평준화도 제대로 안 되어 있고 필요한 것만을 여러 번 나누어서 만드는 수준밖에 도달하지 못한 경우가 많다. 이 때문에 계획생산을 할 수밖에 없는 경우도 있을 것이다. 하지만, 이 경우에도 체크리스트 C까지 했던 개선으로 리드타임이 꽤 단축되어 안정된 생산을 할 수 있는 유연성이 높은 라인이 되어 있을 것이다. 그러므로 생산계획의 수립방법, 생산지시방법도 이에 어울리도록 간편화하는 연구를 통해 표준화해 둘 필요가 있다. 예를 들면, 이 도구로서 자기 공정에 맞는 생산지시 순서판 등과 같은 아이디어를 내서 설치한다(B-15, B-16, B-40항 참조).

2. 생산지시수는 출하수와 균형을 이루며 일별 평균화되어 있는가

매일 생산지시 또는 최종 공정의 출하는 월별 양에서 계산한 일별 양이어야 한다. 그러나 일반 공장에서는 출하량이 일별로 평준화되어 있지 않은 경우가 많다. 때로는 며칠에 한번 모아서 출하하는 경우도 있다. 이런 때에는 평준화해 출하할 수 있도록 고객이나 영업측과 꾸준히 협의해 가능한 한 평준화를 실현할 수 있도록 해야 한다. 하지만, 그럼에도 출하에 변동이 있는 경우는 출하전의 제품을 일단 창고 등에 보관해 두고 출하의 변동에 대응하도록 한다. 그 대신 매일 창고에서 평준화한 양만큼의 간반을 돌리든지, 생산지시를 하도록 해 생산 공정 안에서는 매일 평준화생산을 할 수 있도록 한다. 출하수가 평준화되어 있지 않은 곳에서는 결코 출하된 양을 그대로 공정에 생산지시를 해서는 안 된다(A–3항, C–2항 참조).

단, 매일 출하가 이루어지고, 그 양이 계산상의 당일 평준화양과 거의 비슷하거나 그보다 계속 적은 경우 그 최종 공정에서 그 출하량만큼 그 출하일 또는 출하별로 생산해 출하하는 때에는 매일 또는 출하별로 출하된 양만큼 생산지시를 최종 공정에 내리는 일이 있다. 공정에서는 지시를 받은 양만큼 만드는데 시간적인 여유가 있어도 거기서 작업을 종료한다. 이 방법을 「지시량 생산방식」이라고 한다. 이 방식을 취하는 공정에서는 절대로 여분으로 만들어서는 안 된다.

> ① 평준화 실현을 위한 연구
>
> ② 출하 평준화를 위한 장치(스토어 등의 설치)의 연구
>
> ③ 지시량 생산방식의 타당성 검토(빠른 지시량 생산 상황이 계속되는 때는 생산량 수준이 바뀐 것이므로 개선할 필요가 있다)

3. 혹시 지시수보다 여분을 만들고 있지 않은가(여유가 있을 때 만들어 두어서는 안 됨)

'작업자가 시간이 남아돌아서', '남는 재료가 아까워서', '매일 이 정도는 만들어 두어야만 하니까', '설비가 놀고 있어 가동률이 떨어지니까', '매일 결근자가 나오기 때문에' 등 다양한 이유로 지시수량 이상을 만드는 일은 원칙적으로 금지다. 재료 조달의 변동, 당일 생산량의 변화, 설비 부하의 상황 등에 따라 생산이 변동될 우려가 예측되는 경우에는 이를 감안해 대응할 수 있는 「시스템」과 「장치」를 만들어 두어야 한다. 절대로 현장 마음대로 판단해 여분을 만들어서는 안 된다. 하지만 위와 같은 변화가 있을 경우 실제로는 미리 그것을 흡수할 수 있는 시스템은 상당히 어렵다. 그러한 변화가 일어나지 않도록 하는 근본적인 대책을 강구해 둘 필요가 있다.

4. 간반생산에서 간반이 없을 때는 절대로 만들지 않고 있는가

당연한 이야기지만, 간반생산에서 간반을 무시하고 만든다면 간반을 적용하는 의미가 없다. 간반이 제대로 돌지 않는다고 해서 간반이 없는데도 불구하고 생산을 해서는 안 된다. 제품이나 고객의 사정으로 도저히 평준화가 잘 안 되는 곳에서는 간반을 적용하기 전에 어떻게 하면 평준화할 수 있는 지에 대해 먼저 검토해야 한다. 오늘은 적은데 내일은 반드시 급격히 늘어난다는 상황이 적지 않으나 이런 때는 1개월분을 1일분으로 나누어 그 양만큼의 간반을 낸다. 또 현장은 그 양을 매일 만들어 창고같은 곳에 보관하고 그곳에서 고객의 요구 날짜에 요구된 양만큼 출하하는 방법도 있다(D-2항 참조).

이 경우 특별한 날에 출하가 집중되고 일별 분할로도 대응할 수 없는 경우에는 어쩔 수 없이 지원을 하거나 잔업을 하는 등의 긴급대책을 세울 수밖에 없는데 이 때도 간반생산을 해야만 한다. 이때의 간반은 그 날의 증가분만큼의 임시간반으로 대응하게 된다(B-41항 참조).

5. 「만들 수 있을 때 만들어 두자」는 식의 비축생산을 계획하고 있지는 않은가, 비축분은 없는가

항상 주말이나 월말이 되면 바빠진다든지(평준화를 하면 이런 일은 있을 수 없다), A사의 주문이 언제 갑자기 오게 될지 알 수 없다는 이유로 추측이나 경험만으로 섣불리 제조량을 정해 비축생산을 하는 일은 원칙적으로 금지한다.

다만, 보통은 평준화생산을 하고 있는데 A사에서 확실한 정보를 주어 임시로 월말에 대량수주가 예상될 때와 같은 경우에는 증가량을 평준화해 일별 생산량에 가산해 만들든지 휴일 등에 그만큼의 생산을 할 수밖에 없다. 이때에는 상황에 정확히 맞춰 잔업, 휴일특근, 지원 등의 계획을 세워 실시한다. 대량생산이 길어질 경우는 생산수준이 바뀌었으므로 택트타임을 바꿔 인원을 늘리든지 그만큼 공수절감을 하는 등의 대책을 세울 필요가 있다(A-6항 참조).

● 포인트

① 비축생산의 철저한 금지(시스템, 장치 재검토)

② 생산량 편차 조정, 편차가 있을 경우의 대처 방법의 재검토

경쟁하듯 계속해 만든다-과잉생산의 낭비는 최악이다!

6. 로트생산의 설비에서는 소로트생산을 하고 있는가, 매회 생산하는 로트 크기는 일정한가

로트생산에서는 로트가 클수록 과잉생산의 낭비도 커진다. 로트생산 시에는 원칙적으로 신호간반을 사용한다. 로트 크기의 산출방법은 A-5항을 참조하면 된다. 이때, 일별 필요수의 전체 소요시간에 약간의 여유시간(α)을 더하는 것은 당분간 인정하지만 이 식에서 계산된 로트의 양보다 커지면 안 된다.

로트 사이즈가 일정하다는 것은 어떤 품번의 제품이 걸리더라도 이 계산식에서 산출된 로트 사이즈가 항상 생산의 크기가 된다. 단, 계획생산의 경우나 로트생산을 생산지시 순서판을 사용해 통상 간반으로 하고 있는 경우에는 로트 사이즈가 일정하지 않게 되는 일이 일어난다(B-13, B-14, B-16항 참조).

> ● 포인트
>
> ① 신호간반 생산의 로트 크기 재검토
>
> ② 계획생산, 생산지시 순서판 방식의 로트 크기 재검토

7. 재료교체 및 준비교체의 효율이 나쁘다는 이유로 출하 로트보다 큰 로트로 생산하는 일은 없는가, 이를 위한 대책이 세워져 있는가

흔히 간반을 사용하고 있는 경우에는 출하된 양만큼 출하시점에서 간반이 되돌아오기 때문에(출하가 평준화되지 않고 창고 등에서 평준화조정으로 공정간반을 사용하는 경우(D-2항 참조)는 그만큼의 간반이 된다) 전 공정에서는 그만큼씩 순차적으로 앞으로 거슬러올라가 만들면 문제는 없

다. 하지만 출하에서 빼내간 양이 적고, 전공정에서 그만큼만 만들어서는 '생산시간보다도 준비시간이 길어진다' 든지 '재료낭비가 크다' 는 이유를 들어 빼내간(출하된) 양 이상으로 만들어서는 안 된다.

이를 막기 위해 평준화 및 준비교체의 단축 등 근본적인 대책을 강구하는 일은 당연히 필요한데 아직 완전하지 않은 상태에서는 어느 정도 크기를 갖는 로트 생산을 할 수밖에 없다. 이 경우에는 간반이나 출하의 운영방식을 궁리해 가능한 한 빼내간 양에 가깝게 작고 또 그 공정에 적절한 로트 사이즈가 되도록 검토하자. 예를 들면 신호간반, 발주점 관리, 생산지시 순서판 등의 활용을 고려해 각각에 맞게 궁리를 한다.

또 재료의 로트 크기가 문제일 경우에는 업체의 협력을 받아 재료 로트를 작게 하는 노력을 하든지, 몇 종류의 재료공급기를 설비에 연결시켜 두고 교체 때마다 간단하게 재료 변경을 할 수 있는 방법을 궁리하든지 해서 재료의 공급 방법을 개선한다.

● 포인트

① 일상 간반에서는 원활치 않은 공정의 생산방법, 간반의 운용방법, 간반 양식의 재검토

② 재료의 로트 소량화 연구

8. 공정의 재공이나 스토어의 상황을 보면 간반의 매수나 생산지시수가 적절한지 알 수 있도록 되어 있는가

「눈으로 보는 관리」의 B-8, B-26, B-30항에서는 '생산의 진척도를 알 수 있는가' 라는 측면에서 체크하고 있는데, 여기서는 거꾸로 지시수나

간반 매수가 타당한지를 확인하는 측면에서 체크하기로 한다. B-8항에서 체크한 것처럼 스토어나 적치장소가 적절하게 설정되고 결정 방법이 정확하게 두루 설정되어 있는 상태라면 지시수나 간반 매수가 필요 이상으로 많을 때는 항상 스토어나 적치장소가 가득찬 상태에도 불구하고 지시잔고나 간반이 남고 그래도 생산에는 지장을 초래하지 않는다는 현상이 일어난다. 또 거꾸로 필요 이상으로 적을 때는 스토어나 적치 장소에 제품이 조금밖에 없고 오히려 부족한 느낌인데도 생산지시나 간반이 돌지 않아 때에 따라서는 대기시간이 발생하게 된다.

> ● 포인트
>
> ① B-8, B-19, B-26, B-30항이 정확히 되어 있으면 이 항은 일단 OK

9. 중간재공이나 완성품 모두 정해진 수량 외에는 놓을 수 없도록 되어있는가

간반생산의 경우, 완성품이나 공정간 중간제품의 양은 그 발행매수와 다음 공정의 인수 상황에 따라 결정된다. 하지만 스토어나 적치장소의 크기를 규제하면 제한할 수 있고 눈으로 보아 알기 쉽게 된다. 이때 스토어나 적치장소에 놓는 수량을 정해 두는데 그 넓이뿐 아니라 쌓는 높이도 확실하게 정한다. 높이 규제방법으로 적정 높이에 로프를 걸어두거나 안내시트를 늘어뜨리거나 하는 것이 있는데 높이는 어깨 높이를 넘지 않는 범위로 한다.

> ● 포인트
>
> ① B-3, B-8, B-13항이 정확히 되어있으면 이 항은 OK

10. 소요시간에 차이가 있는 제품을 동일 라인에 흘리는 경우에는 그 차이만큼 흡수하기 위해 어쩔 수 없이 제품을 안고 가는데 그 최대량이 정해져 있는가 (버퍼량의 설정)

한 라인의 중간공정에 가공소요공수가 다른 것을 흘리는 경우, 같은 속도로(동기화해) 만들려고 하면, 소요시간이 짧은 것은 긴 소요시간과의 차이만큼 매회 멈추면서 생산해야만 하게 되는데 현실적으로는 실현이 곤란한 경우가 많다. 조립공정 등에서 평준화해 흘리는 경우에는 A, B, C…… 각각 가공공수가 다른 제품을 그 생산량의 비에 따라 좌석을 지정하는 방법을 이용해 생산지시 사이클을 정해 생산하면, 한개 한개는 동기화하지 않더라도 생산지시 사이클 단위에서 보면 동기화와 마찬가지로 볼 수 있게 된다. 이 경우, 그 공정 뒤에는 최대 각 제품의 가공소요시간 차이만큼의 버퍼가 필요하게 된다(버퍼에 대해서는 B-3항 참조).

그러나 로트생산 설비나 연속생산 설비에서는 소요시간이 짧은 제품은 그 공정 뒤에 점점 밀리게 된다. 반대로 소요시간이 긴 것은 점점 당겨지게 되고 쫓기게 된다. 따라서 어떻게든 그 차이만큼은 버퍼로 두지 않으면 공정이 연결되지 않게 된다. 이 버퍼의 양을 정하지 않고 작업자의 판단에 맡겨두는 경우 작업자는 제품이 끊기는 것을 우려해 필요 이상으로 제품을 만들어 쌓아두게 된다. 이렇게 되면 문제가 보이지 않게 되고 과잉생산의 낭비가 점점 늘어난다. 그래서 이런 경우에는 각각의 제품마다 버퍼량의 최대치를 정해둘 필요가 있다.

● 포인트

① 해당 공정의 유무 확인과 버퍼량 설정의 재검토

11. 가공물 수용수(한 상자, 한 대당의 투입수)는 제품마다 정해져 있는가, 가급적 작게 설정되어 있는가

지금까지의 체크에서 물건의 적치장소를 규제하거나 간반을 적용해 물건의 양을 규제하였다. 그 물건의 양을 확인하는 데는 현장에서 하나 하나 세지 않고 상자 단위로 파악하는 일이 많다. 이 때, 그 한 상자에 넣는 수(수용수)가 다르면 정확하게 수량을 파악할 수 없게 되고 눈으로 보는 관리를 할 수 없게 된다.

또한 물건을 이동할 때는 한 상자 단위로 움직이므로 한 상자 안에 들어 있는 양이 많으면 많은 숫자 단위로 관리하는 셈이 된다. 원칙은 한 개 흘리기이므로 한 상자에 한 개 들어있는 것이 이상적이지만 이는 현실적인 대응이라고 할 수 없으므로 한 상자에 여러 개가 들어있다. 따라서 가능하면 한 상자당의 양은 적게 한다.

> ● 포인트
>
> ① 동일 제품에 대한 수용수가 동일한지의 체크와 재검토
>
> ② 수납수는 적절한지에 대한 체크와 재검토
>
> ③ 간반에 표시되어 있는 1매당 수용수와 실제의 수용수가 맞는지에 대한 체크와 재검토

12. 소로트화를 위한 준비교체가 진행되고 있는가(싱글준비교체로 하고 있는가)

이 항목에서는 로트생산 설비에 대해 체크한다(조립공정 등에 대해서는 A-13항에서 순차준비교체에 대해 언급했다).

준비교체가 길거나 품이 많이 들고 준비교체로 품질의 안정을 저해할

우려가 있으면 이를 피하기 위해 어쩔 수 없이 큰 로트로 생산하게 된다. 거꾸로 표현하면 소로트생산을 하기 위해서는 준비교체를 현장에서 저항 없이 간단하게 단시간에 할 수 있어야 한다. 준비교체에 대해서는 A-12, C-11항에서 언급했으나 여기서 다시 체크하기로 하자.

> ● 포인트
>
> ① A-12항, C-11항의 재확인
>
> ② 싱글준비교체를 위한 준비 체크(계획과 실적의 확인)

13. 표준작업대로 작업을 진행할 수 없게 되어 실제로는 대기해야 할 시간에 다음 작업을 해버리는 경우는 없는가

모든 작업에서 표준작업화가 이루어져야 할 필요가 있다(B-31, C-1, C-9, C-10, C-12, C-16, C-27항 참조). 어떤 사정으로 멈추었거나 표준대로 작업이 진행되지 않았을 때는 아무 일도 하지 않고 기다리는 것이 원칙이다(C-7항 참조). 그런데 표준작업·표준대기를 무시하고 물건이 있는 동안 가공을 계속한다든지, 예를 들면 그 공정에서 작은 부품을 가공하면서 본체 가공물에 결합작업을 하고 있는 것과 같은 경우에, 그 작은 부품만을 먼저 만들어두게 되는 광경을 자주 보는데 절대 이렇게 해서는 안 된다(C-5, C-6, C-27항 참조).

> ● 포인트
>
> ① 현장에서의 실태 체크와 생활화 조치

14. 모든 작업에서 대기시에 작업자의 판단에 따라 다음 작업을 한다든지, 다른 일을 돕지는 않는가(「위임작업」의 금지)

    모든 작업에서 대기가 발생한 경우 시간이 아까워서라든가, 그냥 서있기만 하면 왠지 어색하다는 등의 이유로 그 작업자 마음대로 판단해 다음 작업에 착수한다든지, 다른 사람의 작업을 돕는다든지, 지금의 일과 전혀 관계가 없는 일에 손을 대도록 해서는 안 된다. 표준화가 제대로 되지 않고 작업자의 판단으로 움직이는 일이 많은 작업을 「위임작업」이라고 한다.

> ● 포인트
>
> ① 현장의 「위임작업」 유무 체크와 조치

15. 작업개선 중인 모든 라인에서 대기가 발생했을 때, 작업자에게는 원칙적으로 일을 하지 말고 기다리게 하고 대기라는 점을 분명히 하며 그에 대한 개선을 추진하고 있는가

    모든 작업에서 대기가 발생한 때, 작업자에게 아무것도 시키지 않고 기다리게 하는 것은 문제점을 드러내게 하기 위한 것이다. 따라서 라인의 책임자는 작업자에게 대기가 발생하면(대기는 표준작업대로 진행할 수 없게 되었을 때, 이상이 생겼을 때 발생한다), 바로 그 원인을 찾아내서 조치 · 대책 · 개선을 통해 다시 같은 이유로 라인정지나 대기가 발생하지 않도록 조치를 취해야만 한다.

    하지만 여기서 말하는 대기란 개선의 중간단계에서 자주 발생하는 대기를 뜻한다. 작업자는 대기상태를 싫어하기 때문에, 전후의 작업자가 충분히 택트타임 안에 작업을 진행하고 있어 도움이 필요없는데도 상호협조를 명목으로 앞뒤의 작업에까지 손을 대거나 한다. 이 점이 문제를 숨기게 되고 개선을 지연시킨다. 이런 일이 발견되면 대기하도록 시킨다. 이렇게 하면 대기가 있다는 것이 분명히 보이게 되므로 작업의 조합을 재검토하여 작업 개선을 진행할 수 있다.

이와 같이 대기를 확실하게 만들면 작업자에게도 낭비가 있다는 점을 몸으로 판단하게 하므로 작업자의 이해와 협력을 받아 개선을 진행할 수 있게 된다. 따라서 모든 낭비를 대기의 낭비로 바꾸면 낭비라는 것을 모든 사람이 쉽게 알 수 있게 되고 개선을 진행하게 된다(B-34, B-37, C-6, C-7, C-8항 참조).

● 포인트

① 작업개선 도중의 작업자 조치

16. 부족생산은 없는가, 부족생산을 우려해 선행 생산해 버리는 일은 없는가

매일 매시의 계획에 대해 정확하게 물건이 만들어지고 있는가. 그렇지 않은 경우가 때때로 발생한다면 라인은 이에 대응할 수 있도록 해야 하기 때문에 사람·물건·설비에 여유를 갖게 된다. 이에 커다란 낭비가 발생한다. 이렇게 하면 순조롭게 생산이 진행될 때는 필요수를 다 만들었어도 아직 시간에 여유가 발생하게 된다. 이때는 대기가 원칙이지만 공정이 취약하면 언제 어떤 이유로 라인이 멈출지도 모른다는 걱정을 먼저 해 '만들 수 있을 때 만들어 두자' 고 점점 선행하여 생산하게 된다. 여기서 과잉생산의 커다란 낭비가 생긴다.

부족생산은 결국은 커다란 낭비를 낳게 된다. 매일, 매시, 일보(日報)나

생산관리판에서 생산 상황을 체크하는 일이 중요하다. 물론, 현장에서는 간반이나 스토어의 상황을 항상 파악하는 일도 필요하다.

체크리스트 E (불량품을 만드는 낭비)

- 필요한 것을 만든다 -

년   월   일부터   년   월   일까지

사업소		모델라인			(　　　　공정)	
항　목				평 가	판정	비　고
1. 철저한 불량대책으로 불량이 극히 적은가						
2. 불량이 발생했을 때는, 현지 · 현물 · 현실의 원칙으로 즉각 조치를 취하고 있는가(조치로 끝내지 않고, 5WHY 대책으로 재발방지를 도모하고 있는가)						
3. 불량이 나오면 라인이 멈추도록 되어 있는가						
4. Fool Proof에 의해 불량품을 내보내지 않는 「장치」가 되어 있는가						
5. 피드백 또는 피드포어로 불량을 수정하는 「시스템」이 공정에 포함되어 있는가						
6. 후공정에서 발견된 불량 정보가 불량을 낸 공정으로 피드백되고 있는가						
7. 만성적인 불량에 대해서, 때에 따라서는 공정능력조사 등 SQC 기법도 활용해 대책을 철저히 세우고 있는가						
8. 불량품의 수정 · 재검사 선별과 같은 작업은 해당 공정에서 하도록 되어 있는가						
9. 불량대책 기록은 있는가						
10. 라인 상 검사로 되어 있어 만든 순서로 검사하고 있는가(순차검사)						
11. 특정한 경우를 제외하고, 공정 외에 검사장소를 마련하여 로트로 검사하고 있는 곳은 없는가(특정이란 고객으로부터 별도검사를 요구받은 보안부품 등을 말한다)						
12. 표준작업 안에 검사포인트와 순서가 포함되어 있는가						
13. 표준작업 안에 품질에 관한 포인트가 포함되어 있는가						

항 목	평 가	판 정	비 고
14. 불량데이터가 적절하게 집계되고 있는가, 대책에 활용됨과 동시에 현장에 게시되어 품질의식 향상을 도모하고 있는가			
15. 적색으로 도장된 불량품 박스가 준비되어 있는가			
16. 작업자의 품질의식을 높이기 위한 다양한 연구가 이루어지고 있는가			
17. 불량대책에 대한 체제가 되어 있는가			
18. 외주처, 구매처에 대한 품질불량 대책은 완전한가, 재료의 불량은 거의 없는가, 부품의 불량은 거의 없는가			
19. 작업자에 대한 품질 교육을 충실히 하고, 표준순서에 관한 체크도 확실하게 실시하고 있는가			
20. 불량수를 고려한 생산계획으로 되어 있지는 않은가			
판정 항목수 (스테이지 Ⅲ……15항목 이상 필요) (스테이지 Ⅳ 스텝 9……18항목 이상 필요) (스테이지 Ⅳ 스텝 10……20항목 필요)			

6-5 체크리스트 E(불량품을 만드는 낭비)의 항목과 해설

1. 철저한 불량대책으로 불량이 극히 적은가

불량은 생산성을 현저히 저해한다. 발생된 불량품 그 자체가 직접 손해를 입히지만 그보다도 그만큼을 다시 만들어야 하기 때문에 발생하는 낭비의 영향이 크다. 불량품을 채우기 위해 생산계획의 변경, 설비나 라인의 편성교체, 작업자의 수배, 자재 수배 등의 반복, 제품 체크, 불량품의 수정 등에 공수와 경비가 소요된다. 또한 클레임이라도 걸리면 고객에 대한 대응, 대책실시, 대체품의 확보·배송 등에 쫓기게 되어 고객의 신용도 잃게 된다. 하지만 이런 것들보다도 더 큰 낭비는 인원은 물론이고 조직, 재료, 제품, 설비, 공장, 그리고 관리공수까지 모든 것이 그러한 불량에 대한 제반 조치가 가능하도록 비대해진다는 점이다. 이는 불량이 발생할 때마다 증가하고 코스트를 압박한다.

따라서 불량을 절대 만들지 않도록 철저하게 대책을 강구해야만 한다.

> ● 포인트
>
> ① 불량발생 상황의 실태조사(공정내 불량, 출하검사불량, 클레임)
> ② 그 대책 상황의 조사와 시비 검토

2. 불량이 발생했을 때는 현지·현물·현실의 원칙으로 즉각 조치를 취하고 있는가(조치로 끝내지 않고, 5WHY 대책으로 재발방지를 도모하고 있는가)

불량이 발생했을 때는 반드시 발생장소에서 발생시점에 손을 쓰는 것이 중요하다. 불량이 나오면 라인을 정지하는 것이 원칙이다(다음의 E-3항 참조). 감독자나 라인의 리더는 C-16항의 내용에 따라 일단 조치를 취하는데 이 조치로 끝나버리는 일이 많지는 않은가.

이 방식에서는 QC 등과 같이 우선 데이터를 수집하여 해석한 뒤, 조치를 생각하는 방식은 익숙하지 않다. 발생한 불량 문제는 그 자리에서 바로 해결하는 방식을 취한다. 도요타 생산방식에서는 불량이나 문제는 일어난 그 때가 아니면 진짜 원인을 찾아낼 수 없고 확실한 조치도 취할 수 없다고 생각하고 있기 때문이다. 따라서 불량이 발생한 때가 바로 찬스인 셈이다.

따라서 발생한 문제의 크기 여부는 관계가 없으며 큰 문제부터 조치를 취한다는 생각은 갖지 않는다. 크든 작든 모든 문제가 나쁘기 때문에 그 어느 것도 확실히 조치를 취해 두 번 다시 같은 문제가 일어나지 않도록 할 필요가 있다. 이 철저한 재발방지 방법으로 대책은 현지에서 현물을 보며 문제가 일어나는 방식이나 나쁜 요소를 현실로부터 끄집어낸다. 그리고 '왜를 다섯 번 되풀이하여, 진인(眞因)을 찾아내고 그것을 해결하라' 는 사고방식을 제시하고 있다.

● **포인트**

① 불량이 발생한 때 조치만으로 끝내지 않을 것

② 대책은 항상 현지, 현물, 현실의 원칙하에 왜를 5회 반복해 진행하고 있는지를 확인(대책서의 체크=E-9항 참조)

3. 불량이 나오면 라인이 멈추도록 되어 있는가

불량이 나면 자동기에서는 자동적으로 정지하고 호출등이 켜지도록 되어있는가. 수동 또는 수작업라인에서는 작업자가 호출등을 켜고 책임자가 오기를 기다리도록 되어 있는가(B-33, C-7항 참조).

다만, 예외적으로 다음과 같은 경우에는 그대로 계속하는 일도 있다.

(1) C-16항에서 정한 「불량발생시의 바꿔치기 방식」의 경우(호출은 한다)

(2) 프레스와 같은 간헐적 생산설비에서는 연속 몇 개가 발생하면 어떤 조치를 하기로 정한 경우는 그에 따른다.

(3) 압출기와 같은 연속생산설비에서는 그 조치 기준에 따른다.

> ① 자동기에서 불량발생시 자동정지 확인. 그 시스템과 장치의 재검토
>
> ② 수동기에서 불량발생시 정지 확인. 그 시스템, 장치, 조치의 재검토
>
> ③ 예외 조치의 표준화 확인

4. Fool Proof에 의해 불량품을 내보내지 않는 「장치」가 되어 있는가

공정에서 불량이 나왔을 때 불량품을 내보내지 않는 「장치」로는 다음과 같은 것이 있다.

(1) 불량을 잡아내서 자동적으로 제거해 주는 「장치」(예를 들어, 더러워지면 자동적으로 닦아주거나 해서 더러움을 제거한다)

(2) 불량을 잡아내서 설비나 라인이 자동적으로 정지하는 「장치」(예를 들어, 직기에서는 실이 한 올이라도 끊어지면 기계가 멈춘다)

(3) 불량품이 나오면, 다음 공정의 작업이 진행되지 않는 「장치」(예를 들어, 스위치가 안 켜지거나 지그에 체결할 수 없다)

> ① 불량품을 내보내지 않는 「장치」를 마련한 공정·라인의 검토
>
> ② 그 연구와 실시

5. 피드백 또는 피드포어로 불량을 수정하는 「시스템」이 공정에 포함되어 있는가

공정에서 불량이 발생했을 때 그 불량품을 내보내지 않을뿐만 아니라 제조 조건을 바꾸거나 하여 불량을 만들지 않도록 하는 「시스템」이 피드

포어(Feed Fore)나 피드백(Feed Back)(그림 6-11)이라고 하는 것이다. 피드포어란 불량이 났을 때 그 라인의 후공정에 신호를 보내 그 후공정에서 불량을 수정하는 것이다. 피드백이란 불량을 잡아냈을 때 그 불량을 발생한 공정으로 거꾸로 신호를 보내 그 후의 불량을 내지 않도록 하는 것이다. 예를 들면 연속생산설비(압출기나 인발기 등)에서 경이나 폭의 치수를 수정하는 것과 같은 것이다.

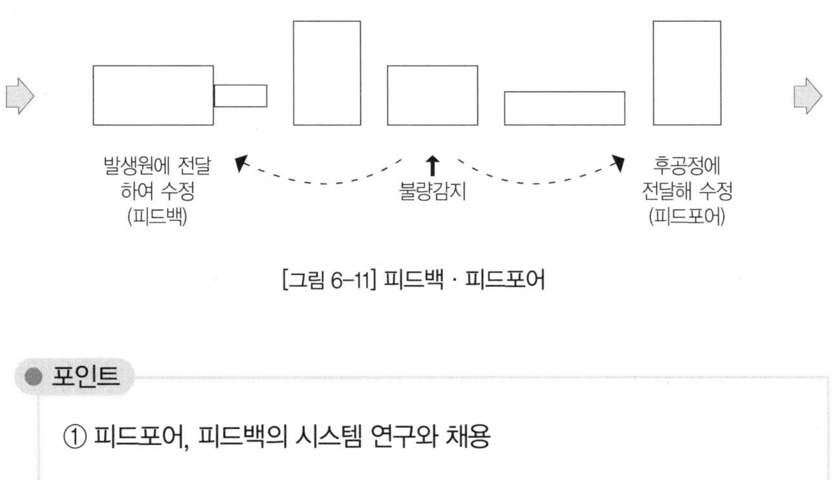

[그림 6-11] 피드백 · 피드포어

● 포인트

① 피드포어, 피드백의 시스템 연구와 채용

6. 후공정에서 발견된 불량 정보가 불량을 낸 공정으로 피드백되고 있는가

전공정에서 발생한 불량을 후공정에서 발견한 경우에는 발생공정에 그 정보를 피드백한다. 이 시스템이 되어있는가. 구체적으로는 어떤 경우에 어떤 타이밍에 누가 누구에게(어디로) 어떤 방법으로 어떤 도구를 써서 정보를 전달하고 있는가.

7. 만성적인 불량에 대해서 때에 따라서는 공정능력조사 등 SQC 기법도 활용해 대책을 철저히 세우고 있는가

이 방식에서는 불량이 발생된 때가 대책을 강구할 기회라는 추진방법을 취한다. 하지만 만성적인 불량에 대해서는 좀처럼 그 원인을 찾기 어려운 면이 있다. 일반적으로 이 방식에서는 QC와 같이 데이터를 모아 해석하는 방법을 취하지 않는데 만성불량 때는 공정능력조사 등의 SQC 수법을 사용해 해명하고 대책을 세우는 일도 있다. 참고로 이 방식에서는 현장에서 구체적인 문제해결에 임할 때 필요에 따라 적절하다고 생각되는 다른 다양한 관리기법을 활용한다.

8. 불량품의 수정 · 재검사 선별과 같은 작업은 해당 공정에서 하도록 되어 있는가

불량은 발생시킨 곳에서 해결하도록 한다. 그것은 자기들이 만든 불량이 어떤 것인지, 그 양은 어느 정도인지, 어느 정도 후공정에 폐가 되는지, 어느 정도 비용을 높이는지 등에 대해 스스로가 확인하지 않으면 좀처럼 신속하게 확실한 대책을 세우려고 하지 않기 때문이다. 따라서 불량의 처분과 조치는 발생된 곳에서 실시하고 스스로 그 고생과 부담을 느끼는 것이 필요하다.

불량의 수정 담당이나 선별자를 두고 대응하는 공장을 흔히 볼 수 있는데, 이는 정말 긴급한 경우나 전문적인 지식과 기량을 필요로 하는 경우를 제외하고는 해서는 안 된다. 당연히 이런 일이 없도록 불량을 철저하게 배제하는 조치를 취해야만 한다.

● 포인트

① 불량품의 수정, 재검사, 선별 방법의 재검토(원칙적으로 발생부서에서 대응)

② 수정, 선별을 위한 전담자의 실태조사와 개선

9. 불량 대책 기록은 있는가

여러 대책을 추진해 왔는데도 불량을 완전히 없애는 것은 쉽지 않다. 몇 번이고 같은 불량이 재발하고 마찬가지 대책을 세우는 일이 되풀이된다. 그래서 어떤 문제가 있었고, 어떻게 조치했으며, 어떻게 되었는가에 대한 기록을 정확히 정리해 활용하면 같은 대책을 반복하는 낭비를 줄일 수 있고 다음 조치를 생각할 수 있다.

● 포인트

① 불량대책 기록의 정리, 기록 상황의 평가

② 불량대책 기록 방법, 보존 방법, 활용 방법의 재검토(예를 들어 데이터 베이스화의 검토 · 조치)

10. 라인 상 검사로 되어 있고, 만든 순서대로 검사하고 있는가(순차검사)

이 방식에서는 전수검사가 원칙이다. 하지만 최종제품의 검사에서 모든 항목을 체크하는 방법이 아니라 각각의 공정 안에서(라인 상에서) 그 앞의 공정에서 가공된 곳에 대해 검사(주로 목시검사 또는 비교적 간단한 검사기, 검사치구에 의한 검사)를 하고 나서 그 공정의 가공을 하는 방법을 취한다. 전공정에서 가공된 곳을 다음 공정에서 검사하는 방법을 순차검사라고 한다.

아울러, 라인 상 보증이란 Fool Proof와 순차검사로 라인 안에서 품질을 보증해 가는 시스템을 말한다.

● **포인트**

① 순차검사 방식의 실시 상황 조사와 도입 검토·실시

② Fool Proof 상황의 확인(E-4항에서의 실시 상황)

---

11. 특정한 경우를 제외하고 공정 외에 검사장소를 마련하여 로트로 검사하고 있는 곳은 없는가(특정이란 고객으로부터 별도 검사를 요구받은 보안부품 등을 말한다)

라인 상 검사로 한다면 보안부품 등과 같은 아주 특수한 것을 제외하고 일부러 검사장을 만들어 검사하는 일은 없을 것이다. 다만, 정밀도가 높은 전용 테스터의 검사나 시약을 사용한 검사 등을 해야 하는 제품에서는 최종 공정 후에 검사를 할 수밖에 없는 경우가 있다. 이때에도 가공 사이클 시간에 동기화시키고 가급적 가공공정과 연결시켜서 검사하는 연구를 하도록 한다.

① 검사장의 폐지 검토 · 실시, 로트검사의 금지

② 검사의 가공라인 내 실시, 동기화

12. 표준작업 안에 검사 포인트와 순서가 포함되어 있는가

라인 상 검사를 한다는 것은 당연히 그 검사에서 필요로 하는 공수는 표준작업의 사이클에 포함되어 있어야 한다. 따라서 그 순서도 표준화되어 있어야 한다.

① 라인 상 검사의 표준작업 내 포함여부 확인 및 개선

13. 표준작업 안에 품질에 관한 포인트가 포함되어 있는가

표준작업표나 절차서에는 각각의 순서에 해당하는 품질에 관한 포인트를 기입한다. 또한 표준작업표에는 품질체크를 하는 공정과 설비에 '◇' 기호로 표시한다. 이 때 몇 회에 한 번의 빈도로 검사하는 경우 예를 들어 50회에 한 번일 때는 1/50이라고 기입한다.

① 표준작업표 또는 절차서의 품질 포인트 기입 상황의 점검

② 표준작업표의 품질 체크개소의 재검토, 기입

14. 불량데이터가 적절하게 집계되고 있는가, 대책에 활용됨과 동시에 현장에 게시되어 품질의식 향상을 도모하고 있는가

지금까지의 체크에서 불량대책을 취해 왔는데 불량의 발생 상황이 어떻게 되어 있는가에 대해 추이그래프 등으로 나타내고 현장에 게시해두자. 또한, 불량대책 상황이나 사례 등도 게시하도록 하면 된다. 현장인원의 관심을 높이는 일은 불량감소에 중요하다. 현장에 게시할 때는 모조지 정도 크기의 용지를 이용하고 그래프는 매일 손으로 기입하는 방법이 워드프로세서 등으로 깨끗하게 만드는 것보다 효과적이다.

● 포인트

① 불량대책 사례 등의 게시

② 불량건수 등의 추이그래프 게시

15. 적색으로 도장된 불량품 박스가 준비되어 있는가

불량품이 설비나 작업대 위, 라인사이드, 통로 등에 방치되어 있는 모습을 자주 본다. 종이박스에 어지럽게 들어있는 경우도 있다. 불량품은 빨간색으로 칠한 전용 박스에 넣도록 하자. 이 박스는 라인마다, 설비마다 설치한다. 이 박스를 보면 그 날의 불량 발생 상황을 실시간으로 알 수 있게 된다. 수정해서 제품화할 수 있는 것은 별도 박스를 준비하는 등의 연구도 필요하다(B-9항 참조).

● 포인트

① 불량품을 방치하고 있지 않는지를 체크

② 빨간색 박스의 고안과 설치

16. 작업자의 품질의식을 높이기 위한 다양한 연구가 이루어지고 있는가

현장에 품질에 관한 게시를 하는 일 외에도 작업자의 의식을 높이기 위한 다양한 연구를 하자. 예를 들면 품질경쟁을 실시하거나, 각자 나름의 품질선언을 용지에 써서 붙인다거나 가슴에 달도록 한다. 또한 불량품 현물을 마치 파레토도처럼 불량 항목별로 현장에 진열하거나 매달아 나타내는 방법도 있다. 이것을 '현물파레토'라고 한다.

● 포인트

① 작업자 의식을 높이기 위한 활동의 연구와 실시

17. 불량대책에 대한 체제가 되어 있는가

불량대책은 그냥 내버려두면 좀처럼 진행되지 않고 현상이 수습되면 대책을 멈춰버리므로 재발하는 경우가 많다. 확실한 근본대책을 신속하게 추진하기 위해서는 대개의 경우 조직적인 조치가 필요하다. 특히 만성적인 불량은 기술적·관리적으로 미해결 부분이 있으므로 각각의 전문가를 구성원으로 포함시켜 목표·납기를 설정해 팀활동을 추진하는 것이 유효하다.

● 포인트

① 불량대책의 조직적 활동과 그 체제의 재검토

18. 외주처, 구매처에 대한 품질불량 대책은 완전한가, 재료의 불량은 거의 없는 가, 부품의 불량은 거의 없는가

외주처나 구매처로부터 들어오는 자재의 불량은 생산 리듬을 깨뜨리고, 생산성을 저하시킨다. 따라서 이들과는 품질보증협정 등을 체결해 불량품이 들어오지 않도록 조치해 둘 필요가 있다. 클레임처리에 관한 협정, 상벌 관련 협정 등도 필요에 따라서는 좋을 것이다. 또한, 협력기업회 등의 모임을 만들어 그 안에서 처리하도록 해도 된다. 그러나 영세한 거래처에 대해서는 적극적으로 지도해야 하겠지만 그보다도 그 거래를 중단하고 새롭게 우수한 거래처로 변경하는 것도 고려할 수 있다.

● 포인트

① 외주품, 구매품의 품질불량 상황의 조사 및 데이터의 확인

② 거래처에 대한 품질 관련 대응 방법의 조사와 재검토

19. 작업자에 대한 품질 교육을 충실히 하고, 표준 순서에 관한 체크도 확실하게 실시하고 있는가

현장에서 발생하는 대부분의 불량은 작업자의 잘못된 작업방법이나 부주의에 의한 것이다. 이 때문에 작업자의 의식을 높일 필요가 있는데 동시에 작업이나 품질에 관한 지식과 기능을 갖추도록 해야하는 것도 기본이다. 이를 위한 교육 · 훈련을 충실하게 실시하고 작업자의 질을 높이도록 한다.

특히 표준작업은 중요하므로 이 훈련을 확실하게 실시하고 이를 항상 준수하고 있는지 체크를 게을리 하지 않도록 한다(C-6, C-14, C-16항 참조).

20. 불량수를 고려한 생산계획으로 되어 있지는 않은가

불량률을 감안해 추가로 생산계획을 세우는 경우가 자주 있다. 현상의 불량률을 인정하게 되면 당연히 그 양만큼 만들어 두어야 계획 대비 부족이 발생하지 않게 된다. 때로 불량이 적게 나오면 그만큼 과잉생산의 낭비가 된다. 불량은 생산성을 현저하게 저해하고 비용을 높이는 악질요소이므로 철저하게 불량을 없애도록 해야 한다.

불량을 감안해 생산하면 생산수는 확보할 수 있고 납기에도 맞출 수 있게 되므로 불량을 없애야 할 필요성이 일어나지 않게 된다. 따라서 불량을 철저히 배제하기 위해 생산계획에는 불량을 포함시키지 않도록 하자.

체크리스트 F (대기의 낭비)

– 사람을 100% 활용한다 –

년   월   일부터   년   월   일까지

사업소		모델라인			(공정)
항 목			평 가	판정	비 고
1. 반복 작업의 표준작업에서는 아주 사소한 대기도 없도록 조치하고 있는가, 어느 작업에서도 대기가 보이지 않는가					
2. 표준작업에서 기계가 가공하고 있을 때 옆에서보 면서 기다리고 있는 모습은 눈에 띄지 않는가					
3. 장치형 공정에서 감시인이 되어 있지 않은가					
4. 모든 낭비를 대기의 낭비로 바꿔 낭비를 현재화 하는 노력을 하고 있는가(공정을 진행할 수 없게 되었을 때 작업자에게는 대기하도록 하고 있는가)					
5. 작업의 대기시간이 발생했을 때는 작업자에게 대기 하도록 하고 있는가(다른 작업을 시켜서는 안 된다)					
6. 표준작업의 개선에 따라 그 라인의 총 소요시간 이 단축되었을 때, 각 작업자 공히 택트타임보다 짧은 소요시간에 라인 밸런스를 취하는 방법을 쓰고 있지는 않는가(작업자에게는 택트타임 수준으 로 작업을 분배하고 최후의 한 사람에게 남는 시간 의 대기를 시킨다)					
7. 전공정 등에서 가공물이나 재료가 중단되었을 때, 작업자는 대기를 하고 있는가					
8. 후공정에 문제가 발생해 공정이 진행되지 않을 때 작업자는 대기를 하고 있는가					
9. 장치형 공정에서 작업자는 정해진 작업 이외의 시간은 일정 위치에서 대기하고 있는가					
10. 장치형 공정이나 라인 외부 작업자가 돌아다니 며 상황 청취를 하고 있지는 않는가(원칙없이 돌 아다니지 않도록 한다)					

항 목	평 가	판 정	비 고
11. 작업자에게 대기가 발생했을 때에는 감독자·책임자는 즉각 조치를 취하고 아울러 철저한 재발 방지를 하고 있는가			
12. 대기의 발생과 그 개선에 대한 간단한 기록을 하고 있는가, 그 사례도 풍부하게 있는가			
13. 표준작업에서 잠깐의 지연이 발생했을 때 도움 작업구역의 범위에서 서로 도와 대기가 되는 것을 방지하고 있는가			
14. 외딴 공정이나 정원제 공정은 없는가			
판정 항목수 (스테이지 Ⅲ······11항목 이상 필요) (스테이지 Ⅳ 스텝 9······13항목 이상 필요) (스테이지 Ⅳ 스텝 10······14항목 필요)			

6-6 체크리스트 F(대기의 낭비)의 항목과 해설

1. 반복 작업의 표준작업에서는 아주 사소한 대기도 없도록 조치하고 있는가, 어느 작업에서도 대기가 보이지 않는가

표준작업에서는 한 개 흘리기로 해 반복 작업으로 하고 있는데 이 반복 사이클이 택트타임이 되도록 한다(C-1, C-3항 참조). 하지만 반복되는 사이클 타임은 여러 가지 이유로 어쩔 수 없이 매회의 작업마다 편차가 발생하고 항상 택트타임으로 일이 진행될 수 있는 것은 아니다. 편차는 플러스 쪽(택트타임보다 길게 된다)으로 발생되므로 실제로 공정을 편성할 때는 아무래도 그 점을 고려해 여유를 갖는 작업분배를 하게 된다(본 방식에서는 C-19항에서 이 편차 10%를 인정하기로 했다). 이런 식으로 작업분배를 하게 되면 작업이 정상적인 택트타임으로 끝났을 때는 대기가 발생하게 된다. 이것이 바로 대기의 낭비다. 그러나 통상적으로 이 낭비시간은 사이클 1회당으로 보면 아주 사소한 시간이 되어버리므로 간과하게 된다.

이런 편차는 작업방법의 근소한 차이, 부재 상황의 사소한 차이, 순간트러블·순간정지 등에 의해 발생한다. 그래서 이런 것의 발생을 없애기 위해 현장에서 개선을 지속적으로 해 나가야만 한다. 택트타임대로 물건을 만들어 가는 일이 쉽지는 않기 때문에 택트타임은 궁극적인 이상의 모델이라고 한다. 이 이상을 좇아 포기하지 않고 개선을 지속하는 것이 이 방식의 특징이다(C-8, C-19항 참조).

2. 표준작업에서 기계가 가공하고 있을 때 옆에서 보면서 기다리고 있는 모습은 눈에 띄지 않는가

표준작업을 편성할 때는 사람과 기계의 조합표를 이용한다(C-3항 참조). 기계가 가공하고 있을 때 작업자는 그 기계에서 떠나 다음 작업에 착수할 수 있는지를 확인하기 위해서다. 기계의 일과 사람의 일을 나눌 수 있는지도 보기 위해서다. 나눌 수 있다면 기계가 일을 하고 있는 동안 사람은 가공 중인 기계 옆에 서서 보고 있을 필요가 없다. 혹시 아주 짧은 시간이라도 그것은 낭비가 된다.

① 가공 중인 기계 옆에 서서 쳐다보는 일의 발견과 개선(표준작업조합표의 활용)

3. 장치형 공정에서 감시인이 되어 있지 않은가

장치형 공정에서는 보통 기계가 자동적으로 물건을 만들어 주고 작업자는 가득찬 용기의 교체, 재료 교체, 준비 교체를 하는 정도로 특별히 사람이 하는 일이 없다. 하지만 가동 도중의 품질상의 문제 또는 기계나 재료의 문제가 발생한다든지 가공물이 제대로 흐르지 않게 될지도 모른다는 우려에서 기계 옆에 서서 감시를 하고 있거나 라인을 순시하거나 한다. 때에 따라서는 필요도 없는데 흘러가고 있는 가공물에 슬쩍 손을 대거나 위치를 바로 잡거나 한다. 실제 이런 행동은 필요없는 일이다. 체크리스트에 따라 정비 · 개선을 해 나감으로써 라인에서 발생하는 불량이나 설비적인 문제 등은 철저하게 배제된다. 또한, 뭔가 이상이 발생한 때는 이상을 알 수 있도록 되어 있거나 혹은 라인이나 기계가 정지하도록 되어있기 때문에 기계가 가동되고 있는 동안에는 사람이 붙어있을 필요가 없다. 이런 사람을 「감시인」이라고 부르며 없어야 한다.

① 「감시인」의 폐지를 위해 공정 · 설비의 정비(감시인의 폐지)

4. 모든 낭비를 대기의 낭비로 바꿔 낭비를 현재화하는 노력을 하고 있는가(공정을 진행할 수 없게 되었을 때 작업자에게는 대기하도록 하고 있는가)

개선이 진행되면 낭비 발견이 점점 어려워지게 된다. 모든 낭비를 대기의 낭비로 바꿔서 작업자에게 대기하도록 하면 낭비가 눈에 보여 알기 쉽게 된다. 지금까지의 조치에서 문제가 발생했거나 낭비가 있을 때는 간반이나 물건의 양을 보면 알 수 있도록 해왔고 게다가 라인이 정지하도록 했다(B-22, 26, 28, 31, 32, 33, 34의 각 항, C-7, 16, 23의 각 항, D-4, 5, 8, 9, 11, 13, 14, 15의 각 항, E-1항 참조).

라인이 멈추면 작업자는 당연히 대기하게 된다. 그러나 많은 경우 라인이 멈췄을 때 그 공정의 물건뿐만 아니라 다음 것까지 만들거나 부재의 준비를 미리 하거나 하면서 바쁜 듯이 움직인다. 이를 그대로 두면 작업자는 일에 매달리게 되어 라인의 정지에 따른 낭비가 과소평가된다. 또한 작은 불량이나 문제는 라인을 멈추지 않고 서로 협력해 돕도록 하였으나(C-21항 참조) 도움작업 구역을 벗어나서 돕는 일이 일어난다. 그렇게 되면 여

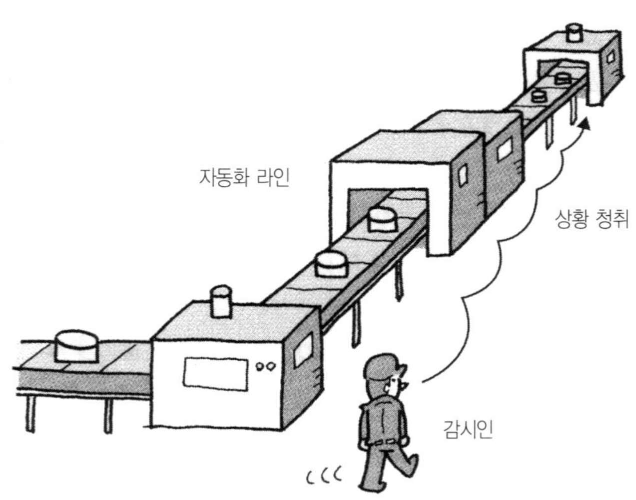

분으로 한 만큼 작업에 지연이 발생하고 전후공정에 영향을 미치게 되어 있지만 작업자 마음대로 일을 해버리기 때문에 그 점을 파악하기가 어려워진다.

따라서 라인에서 문제가 발생하고 이에 따라 정상적인 작업이 진행되지 않을 때는 아무리 작은 시간이라 할지라도 작업자에게는 대기를 시키는 것이 필요하다. 이와 같이 여러 가지 원인으로 인한 라인 문제를 대기로 바꿔 가면 다양한 낭비를 해소할 수 있게 된다.

① 모든 낭비를 대기의 낭비로 바꾸는 「요체」의 발견과 그 개선

5. 작업의 대기시간이 발생했을 때는 작업자에게 대기하도록 하고 있는가(다른 작업을 시켜서는 안 된다)

표준작업에서는 일을 조합해 택트타임에 근접하게 일을 짜지만 조합이 제대로 되지 않아 사이클마다 대기 시간이 발생하는 일이 때때로 일어난다. 이런 때에는 작업을 세분화하거나 순서를 바꿔보거나 하는 궁리를 함으로써, 정확하게 1사이클분의 일이 되도록 한다. 하지만 아무래도 일의 세분화가 어렵고 대기가 발생해도 어쩔 수 없는 경우가 있다. 이런 때, 이 대기시간이 아깝다고 해서 그 시간에 맞는 전혀 다른 일을 그 작업자에게 시키는 것을 보게 되는데 이래서는 안 된다. 이와 같이 상황에 맞춰 시키는 일을 '땜질'이라고 한다. 이 땜질에 대해서는 이미 C-27항에서 언급했으므로 여기서는 그 재검토를 하도록 하자.

이와 같은 표준작업 안에서의 대기 외에 소량의 수주로 인해 그 날의 생

산이 빨리 끝나버려 나머지 시간이 대기가 되는 일이 있다. 그럴 때, 다른 사람의 일을 돕도록 하거나 그 자리에서 즉흥적으로 전혀 다른 일을 시키거나 한다. 이것도 땜질이라고 할 수 있다. 원래 이럴 때 도움을 받는 사람의 일은 그 사람이 처리할 수 있는 양일 것이므로 도움을 준다는 것은 그 사람의 일을 빼앗게 될 뿐이다. 이런 상황이 되지 않도록 평소에(C-28, F-14항 참조) 변화에 견딜 수 있는 공정 편성을 생각해 두어야 한다. 그렇게 해도 어쩔 수 없는 일정 크기의 여유시간이 생긴다면 작업자의 교육·훈련이나 개선, 준비교체의 단축에 그 시간을 할당하는 것이 바람직하다.

① 땜질 작업의 재검토, 폐지

6. 표준작업의 개선에 따라 그 라인의 총 소요시간이 단축되었을 때, 각 작업자 모두 택트타임보다 짧은 소요시간에 라인 밸런스를 취하는 방법을 쓰고 있지는 않는가(작업자에게는 택트타임 수준으로 작업을 분배하고 최후의 한 사람에게 남는 시간의 대기를 시킨다)

지금까지 조치해 온 바와 같이, 표준작업에서는 끊임없이 개선을 추진하는데 개선에 따라 각 작업자의 총 소요시간이 짧아진다. 이 때 반드시 택트타임(TT)을 기준으로 작업을 재조정한다. 작업은 빠를수록 좋다는 생각으로 짧아진 만큼의 시간을 각 작업자에게 나누어 전체 사이클을 짧게 하면서 라인 밸런스를 취하는 방법은 안 된다(〈그림 6-12〉의 ×). 선두부터 택트타임에 근접하게 분배하면서 마지막 사람의 일의 양만을 우수리로 남겨두고 그만큼 대기하도록 한다(〈그림 6-12〉의 O).

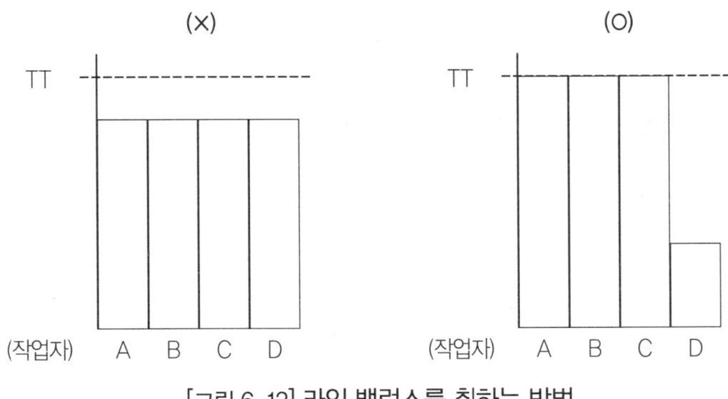

[그림 6-12] 라인 밸런스를 취하는 방법

이렇게 하면 마지막 사람의 일량을 보고 아깝다는 생각이 들어 어떻게 든 이 사람을 빼고자 하게 된다. 따라서 다음 개선의 목표가 확실해지고 그것이 니즈가 되어 개선이 추진되는 것이다.

● 포인트

① 라인의 대기는 최후의 작업자에게만 시킨다

7. 전공정 등에서 가공물이나 재료가 중단되었을 때 작업자는 대기를 하고 있는가

F-4항에서 모든 낭비를 대기의 낭비로 바꾸면 낭비가 알기쉽게 된다고 언급했다. 그 가운데 일상적으로 발생하는 작은 낭비는 가공물이나 재료 의 중단이다. 재료의 결품이나 공정 등의 커다란 문제에 의한 가공물의 지 연은 라인이 정지하게 되므로 작업을 멈추게 된다. 이 때 다른 일을 하고 있다면 이상하다는 것을 바로 알게 된다.

하지만 잠깐 잠깐의 작은 지연 때는 앞당겨 일을 진행하더라도 그것이 정규의 일인지 아닌지를 알기 어렵다. 이런 상태가 자주 발생하면 라인은 가동하고 있는데도 하루의 일이 끝났을 때 보면, 예정된 하루분의 물량이 되지 않는다.

그래서 라인의 어떤 작은 문제나 자재의 일시적인 공급 불량에 따른 지연의 경우에도 반드시 작업자에게는 대기하도록 하는 것이 중요하다. 대기를 시킴으로써 문제가 나타나게 되므로 라인 책임자는 그 문제의 재발을 확실하게 방지할 수 있게 된다(D-13, D-14, D-15항 참조).

8. 후공정에 문제가 발생해 공정이 진행되지 않을 때 작업자는 대기를 하고 있는가

앞의 7항과 마찬가지 대응을 하는데 특히 후공정이 문제인 경우는 전공정에서 계속 물건이 흘러오므로 작업을 계속해서 하게 된다. 하지만, 후공정에서는 물건이 빠져 나가지 않기 때문에 물건은 쌓이기만 할 뿐이다. 표준재공수를 정해 그 이상 쌓였을 때에는 대기시키고 만들지 않도록 하는 일이 중요하다(C-1항 참조).

9. 장치형 공정에서 작업자는 정해진 작업 이외의 시간은 일정 위치에서 대기하고 있는가

표준작업에 의해 작업을 반복 작업으로 하도록 했다. 표준작업으로 하면 작업자는 하루 중에 같은 속도로 같은 작업을 반복하게 되고 문제가 생기지 않는 한 대기는 발생하지 않는다. 그러나 장치형 공정에서는 설비가 대형이거나 라인에서 떨어져 설치되는 경우가 적지 않기 때문에 다른 일과의 연결이 어려운 경우가 많다. 이 때문에 작업을 표준화해도 대기는 발생하기 쉽고 생산 도중에 문제가 발생하거나 하면 긴 시간을 대기하게 된다.

대기할 때 작업자는 일정한 장소에서 그냥 선 채로 대기해야만 한다. 하지만 대부분 어색함을 느끼기 때문에 다른 작업자를 돕거나 라인이나 기계를 돌아보게 된다. 공장에 따라서는 오히려 '노느니 기계라도 돌아보는 것이 낫다' 고 권장하는 곳조차 있다. 이렇게 하면 실제는 대기해야 할 시간에 움직이게 되니까 일이 있는 것처럼 보인다.

이렇게 해서 일이 많아 현재 인원으로는 감당하기 어렵다는 이야기가 나오고 결국 사람이 늘어나게 된다. 이와 같이 낭비가 커지고 개선의 방해가 되므로 작업자에게는 정해진 일 이외에는 하지 않도록 하고 움직이지 않도록 하는 것이 중요하다. 혹시 선 채로 있다면 그것은 작업자의 문제가 아니라 대기가 발생하도록 한 관리·감독자의 책임이므로 이 점을 개선해야 한다.

● 포인트

① 장치형 공정의 작업자가 대기시에 일정 위치에서 대기하고 있는지를 체크·지도

10. 장치형 공정이나 라인 외부 작업자가 돌아다니며 상황 청취를 하고 있지는 않는가(원칙없이 돌아다니지 않도록 한다)

장치형 설비의 작업자는 앞에서와 같이 어쩔 수 없이 대기가 발생하기 쉽다. 또한 라인 외 작업자는 주변의 환경이 정비되어 있어 일을 제대로 조합해두지 않으면 바쁠 때와 한가할 때가 생기게 되므로 대기도 발생한다. 이와 같은 때 작업자는 뭔가 다른 일은 없는지 상황을 물어보러 다니기 시작한다. 따라서 작업자에게는 원칙없이 돌아다니지 않도록 해야 한다. 돌아다니면 항상 바쁜 것처럼 보인다. 그래서 작업자에게는 일정한 위치에 서서 필요한 때에는 호출로 알리도록 하면 그 사람의 작업량을 알 수 있게 된다. 이미 C-10항에서 언급했지만 한번 더 다루기로 한다.

오래 전 도요타에서는 철저하게 일정한 위치에 서 있도록 했기 때문에 바닥에 원을 그려놓고 그 안에 서 있도록 했다는 이야기가 전해져 온다. 이것을 「동그라미 Zone」이라고 부른다.

> ● 포인트
>
> ① 상황 청취 실태의 재조사와 대책, 지도

11. 작업자에게 대기가 발생했을 때에는 감독자 · 책임자는 즉각 조치를 취하고 아울러 철저한 재발방지를 하고 있는가

이 방식에서는 궁극적인 생산을 목표로 개선을 추진해 간다. 그것이 「흐름생산」이다. 체크리스트 A에서 흐름화를 언급했고 체크리스트 B, C에서는 그 시스템을 갖췄다. 하지만 아무리 흐름의 '형태' 만을 갖춰도 흐름을 방해하는 다양한 문제가 발생하면 물건이 흘러가지 않는다. 그래서 지금까지 각 체크리스트에서 그 때마다의 문제점을 개선해 왔는데 이 체크리스트 D 이후는 7대 낭비라는 관점에서 문제점을 철저하게 제거해 가기로 한다.

그러나 낭비는 점점 찾아내기 어려워지므로 모든 낭비를 대기의 낭비로 바꿔 알기 쉽게 함으로써 철저하게 제거한다는 점을 F-4항에서 언급한 바 있다. 이것을 확실하게 실행해 가기 위해서는 그 현장을 지키고 있는 감독자나 리더가 주역이 되지 않으면 좀처럼 진행되지 않는다. 현장개선과 작업개선은 감독자와 리더의 일이다.

● 포인트

　① 감독자, 리더가 대기의 개선에 참여하고 있는지를 확인하고 그 실적을 체크(다음 항 관련)

12. 대기의 발생과 그 개선에 대한 간단한 기록을 하고 있는가, 그 사례도 풍부하게 있는가

개선의 기록을 남기는 것은 지금까지도 B-28, B-29, E-9, E-14항에서 다루었다. 여기서는 대기를 어떻게 발견하고 어떤 문제를 꺼내서 대책을 세워 왔는지에 대한 기록을 필요로 한다. 기록함으로써 정보를 공유할 수 있게 되고 많은 사람이 그것을 활용함으로써 더욱 활발하게 개선을 추진하게 된다.

● 포인트

　① 대기와 그 개선을 기록하는 방법의 연구, 개선정보의 제공 방법 연구

13. 표준작업에서 잠깐의 지연이 발생했을 때, 도움작업 구역의 범위에서 서로 도와 대기가 되는 것을 방지하고 있는가

표준작업에서 정확하게 일을 진행하고 있을 때 어떤 이유로 작업자의 전후 공정에서 아주 사소한 지연이 발생하는 경우가 있다. 그 때마다 라인 전체는 조금씩 늦어지므로 지연을 만회하고 신속하게 정상적인 흐름으로 하기 위해작업의 일정 범위내에서 서로 돕는 방식을 취한다. 이 범위를 '도움작업구역' 이라고 하며 이에 대해서는 이미 C-21항에서 다루었다.

무턱대고 다른 일에 손을 대는 사람들을 자주 보게 되는데, 어디까지나 도움작업구역의 범위 내에서 서로 돕는다는 것이 도요타 생산방식의 매우 특징적인 부분이다. 이는 마치 육상경기의 릴레이에서 바톤터치 구역이 정해져 있어서 그 범위 내에서만 바톤터치가 인정되는 것과 마찬가지다.

● 포인트

① 도움작업구역의 결정 방법과 그 준수 상황 체크, 지도(C-21항의 실시 상황 확인)

14. 외딴 공정이나 정원제 공정은 없는가

외딴 공정이나 정원제 공정에서는 작업시간에 꼭 차게 일을 할당하기 어려우므로 아무래도 여유시간이 생기고 대기가 발생한다.

최근처럼 다품종 소량생산이 많아지면 이들 모든 로트를 같은 라인에서 흘리기 어려워진다. 흐름생산 가운데 다품종 소량생산에 대응해 가기 위해서는 공장 전체가 기본적인 흐름의 체제가 되어 있고 아울러 그 현장에 상당한 개선 능력과 개선에 대한 실행력이 갖춰져 있어야만 한다. 따라서 소로트의 제품, 조금 다른 품종의 제품은 외딴 공정에서 만드는 일이 많아진다.

최근 '셀 방식'이라든지 '일인 라인 방식'이라는 것이 굉장히 생산성이 높은 효율적인 방법인 것처럼 선전되고 있지만, 이는 세부적인 변화에 대응할 수 있는 라인을 편성하기 어렵다는 것으로 해석하고 있는 것으로 보인다. 셀 라인은 컨베이어를 떼어내고 부품을 준비한 작업대를 늘어놓고 수작업으로 가공물을 이송하면서 작업을 추진해 나가는 형태인데 이는 도요타 생산방식을 전개하고 있는 공장에서는 이미 2, 30년 전부터 해오던 것이다.

이 셀 방식에서는 이 방식에서 말하는 '모든 공정을 반복작업으로 함으로써 철저하게 낭비를 배제한다'는 사고방식을 전혀 가질 수 없다. 셀 방식은 어쩔 수 없이 외딴 공정이나 정원제가 된다. 셀 방식의 1인 라인, 2인 라인에 정확히 공수가 꽉 차는 일을 어떻게 할당할 수 있는가. 셀 방식은 양이나 품종의 변경에는 비교적 용이하게 대응할 수 있으나 아무래도 낭비가 나온다. 또한 셀 방식에서는 1인당 공정수를 많이 처리하게 되어 있기 때문에 개인의 기량 차이가 크게 영향을 미친다. 이를 고려한 라인 할당을 하게 되면 어쩔 수 없이 셀당 생산량은 여유를 갖게 할 수밖에 없으므로 공장 전체로는 큰 낭비가 될 수 있다.

● 포인트

① 외딴 공정, 정원제 라인의 재검토 및 해소

② 집단화의 연구

체크리스트 G (운반의 낭비)

– 필요할 때 필요한 것을 필요한 만큼 옮긴다 –

년   월   일부터   년   월   일까지

사업소		모델라인			(　　　 공정)
항 목			평 가	판정	비 고
1. 운반방법과 룰을 정해두었는가(경로, 시간, 내용, 양, 장소, 방법, 사람)					
2. 독자적인 「운반 방식」을 활용하고 있는가(세트 방식, 콜택시 방식, 이어타기 방식, 혼재 방식 등)					
3. 운반의 원칙은 후공정인수로 되어 있는가(필요한 쪽이 가지러 간다)					
4. 운반은 원칙적으로 운반간반으로 하고 있고, 그 것을 떼어냈을 때를 운반의 지시로 하고 있는가					
5. 간반을 이용하지 않는 공정에서는 운반방법(타이밍과 양)에 대한 룰이 정해져 있는가					
6. 「물건」은 간반과 함께 움직이는 원칙을 지키고 있는가					
7. 운반은 전담자가 하고 있는가					
8. 라인 작업자가 라인을 벗어나 물건을 가지러 가지 않는가					
9. 긴급으로 부재를 필요로 하는 때는 라인 작업자가 신호를 보내 책임자나 운반자를 부르고 있는가(호출버튼, 호출등)					
10. 한번에 많은 물건을 여분으로 가지고 오지 않도록 하고 있는가(다회운반)					
11. 공장내의 운반은 원칙적으로 부정시 정량운반으로 되어 있는가					
12. 공장간의 운반 및 외주품의 반입은 원칙적으로 정시 부정량운반으로 되어 있는가					

항 목	평 가	판 정	비 고
13. 순서생산 라인에 공급하는 부품으로 대형이나 특정부품의 경우는 순서에 맞춰 필요부품을 준비해 운반, 공급하는 대책이 세워져 있는가			
14. 자재류는 라인 사이드 공급(사용할 곳에서 바로 사용할 수 있도록 공급)이 원칙으로 되어 있는가			
15. 자재류의 적치장소, 적치방법, 적치량, 라인으로 공급하는 방법, 용기 등에 대해 끊임없이 궁리하고 있는가			
16. 스토어의 위치, 크기, 높이, 양식 등이 적절한가			
17. 불필요하게 운반 거리가 먼 것에 대해서는 재검토를 계속하고 있는가			
18. 임시적치, 재적재교체는 보이지 않는가			
19. 주소나 선반번호가 알기 쉽게 정해져 있는가, 누구나 지정된 곳에 어렵지 않게 갈 수 있는가			
20. 제품·부품 등의 용기는 특수한 것을 제외하고 통일 또는 규격화되어 있고, 어느 상자도 같은 모양으로 적재가 가능하며 운반하기 쉽게 되어 있는가			
21. 수납용기당 「수용수」를 가능한 한 작게 하였는가(소용량화)			
22. 운반구·운반차의 선정은 적절한가(형식, 크기, 편이성, 입수의 용이성 등)			
23. 운반구의 자동화 연구·개선이 추진되고 있는가, 필요에 따라 로봇화되어 있는가			
24. 공정간 반송의 자동화 연구가 이루어지고 있는가			
판정 항목수 (스테이지 Ⅲ……18항목 이상 필요) (스테이지 Ⅳ 스텝 9……22항목 이상 필요) (스테이지 Ⅳ 스텝 10……24항목 필요)			

 체크리스트 G(운반의 낭비)의 항목과 해설

1. 운반방법과 룰을 정해 두었는가(경로, 시간, 내용, 양, 장소, 방법, 사람)

운반은 도요타 생산방식에서는 「운반방식」이라고 하여 특별한 의미를 지니고 있는데 저스트 인 타임과 깊이 관계를 맺고 있기 때문이다. 따라서 운반에 관한 낭비를 일부러 7대 낭비의 하나로 다루고 있다. 여기서 우선 운반에 관계하는 모든 룰을 확인하고 재검토하기로 하자.

● 포인트

① 모든 운반에 대해 공장배치도에 플로우로 나타낸다
② 각 운반경로마다 무엇을, 언제, 어떻게, 누가 운반하고 있는가, 그 룰이 정해져 있는가를 조사
③ 낭비의 재검토 및 개선

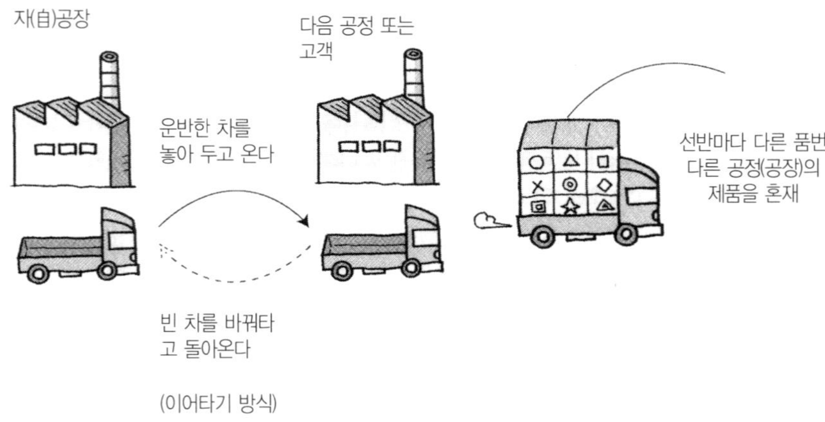

2. 독자적인 「운반방식」을 활용하고 있는가(세트방식, 택시방식, 콜택시방식, 이어타기방식, 혼재방식 등)

운반 중에서도 도요타 생산방식에서 독자적으로 생각해 낸 방법이 있다. 이들을 가리켜 좁은 의미로 「운반방식」이라고 한다. 세트방식(물방개방식이라고도 함)이란 공장 내의 정해진 경로를 빙글빙글 돌면서 몇 차례에 걸쳐 운반하는 방법이다. 택시방식이란 운반자가 필요한 곳은 어디인가 찾으면서 운반해 가는 방법이다. 콜택시방식이란, 라인의 호출에 따라 운반하는 방식이다(C-10항 참조). 이어타기방식이란 두 대의 트럭이나 운반차를 이용해 짐을 싣고 운반해 간 곳에서 가지고 간 차를 그대로 두고 그곳에 놓여있던 빈 차를 타고 돌아오는 방법이다. 혼재방식이란 한 대의 차에 같은 종류의 것을 한꺼번에 대량으로 운반하는 것이 아니고 여러 가지 종류의 것을 지금 필요한 만큼씩 섞어서 운반하는 방식이다.

> ● 포인트
>
> ① 여러 가지 운반방식의 채용 검토 및 실시

3. 운반의 원칙은 후공정인수로 되어 있는가(필요한 쪽이 가지러 간다)

운반의 원칙은 후공정인수다. 지금 무엇이 필요한지를 가장 잘 아는 것은 자기 공정이므로 자기가 전공정으로 가지러 가면 필요한 것만큼 가지고 올 수 있다. 이렇게 하면 필요한 때에 가지러 갈 수 있게 된다. 따라서 필요한 때에, 필요한 것을, 필요한 만큼 가지고 오는 시스템이 가능하게 된다(A-15항 참조).

4. 운반은 원칙적으로 운반간반으로 하고 있고 그것을 떼어냈을 때를 운반의 지시로 하고 있는가

운반의 지시는 운반간반으로 하는 것이 정상이다. 그런데 생산지시간반에 운반간반의 역할을 겸용시키는 일이 자주 있다. 이렇게 되면 간반 1매당 생산수가 자기공정이나 전공정이 완전히 같은 경우에만 성립된다. 또한 같은 생산수라도 자기공정에서 한 개라도 불량이 나오면 소위 바꿔치기 방식이라도 하지 않는 한 더 이상 성립될 수 없게 되어 있다.

그러나 생산간반과 운반간반을 별도로 하는 것은 번잡하므로 현실적으로는 겸용으로 하는 경우가 많다. 이 경우는 전공정에서 자기공정으로 오는 부재료가 떨어졌을 때 또는 떨어지려고 할 때 자기공정 간반에 기재되어 있는 수량에 관계없이 전공정에서 만든 수량만큼 그대로 자기공정에 가지고 오고 또 떨어지면 마찬가지로 가지러 가는 방식을 취한다. 이렇게 되면 간반에 표시되어 있는 수량이 완전히 무시되어 간반을 사용하는 의미가 없어진다. 따라서 운반간반과 생산지시간반과는 별도로 해야 한다(B-15항 참조).

운반의 지시는 자재에 붙어 있던 간반을 떼어냈을 때 하는 것이 원칙이다. 하지만, 외주처와 같이 거리가 멀기라도 하면 그렇게 할 수 없으므로 효율을 고려해 간반을 여러 매 모아서 운반하거나 시간을 정해 운반하고 있다(다음항 참조).

5. 간반을 이용하지 않는 공정에서는 운반방법(타이밍과 양)에 대한 룰이 정해져 있는가

일반적으로 운반 형태는 그 타이밍과 양의 관계에 따라 다음의 네 가지가 있다.

(1) 정시정량(定時定量) 운반

신속한 변화에는 대응하기 어려운 방식이지만 재료의 도입 등에 의외로 자주 보인다. 양과 시기는 도입측과 납품측의 협의에 의해 정하고 있다.

(2) 정시부정량(定時不定量) 운반

대표적인 것으로는 도입측과 납품측의 거리가 멀리 떨어져 있어 간반을 떼어낼 때마다 운반하기 어려운 경우에는 납입시간을 정해 두고 그때까지 떼어낸 간반의 매수만큼 운반하는 방식이다. 간반 운반이 아닌 때에는 시간만을 정하고 양은 당사자의 판단에 맡기는 경우가 많은 듯하다.

(3) 부정시정량(不定時定量) 운반

간반을 이용하는 공정간에서 많이 이용된다. 간반이 나왔을 때 간반 매수만큼 가지고 오는 방식이다. 발주점 관리도 이 형태다.

(4) 부정시부정량(不定時不定量) 운반

적시(適時)·적량(適量)을 운반하는 방법이다. 운반자나 감독자의 판단에 의하는 경우가 많다. 아무래도 대량운반이 되거나 있는 만큼 가지고 오는 경우가 많아진다.

간반을 사용하지 않는 곳은 이 가운데 어느 형태가 적절한지는 그 상황이나 조건 등에 따라 정한다. 어느 경우나 언제(타이밍), 어느 만큼, 누가, 어떤 수단으로 운반할 것인가 룰을 정해 두어야 한다(G-1항 참조).

● 포인트

　① 간반을 이용하지 않는 공정의 운반에 대해 네 가지 형태에서 1항의 재
　　　검토

6. 「물건」은 간반과 함께 움직이는 원칙을 지키고 있는가

B-13항에서 이미 언급한 바 있다. 간반은 도요타 생산방식의 가장 특징적인 수법이다. 간반을 사용한다면 이를 완전하게 사용할 필요가 있는데 물건에는 반드시 간반이 붙어있어야 한다는 것이 대원칙이다. 이 원칙을 지킬 수 없다면 간반을 사용해도 엉터리가 되어버린다.

● 포인트

　① 간반은 반드시 물건과 함께 움직이는지를 다시 체크

7. 운반은 전담자가 하고 있는가

라인 작업자는 표준작업에 의해 같은 속도(TT)로 반복 작업을 하도록
되어있다(체크리스트 C 참조). 따라서 다른 일이 끼어들면 그 사이클이 엉
클어진다. 그래서 반복 작업 외의 운반과 같은 일은 별도 인원이 하도록
한다. 목적은 꾸준하게 반복 작업이 진행될 수 있도록 하기 위함이므로 운
반도 이런 점을 알고 대응할 수 있는 전담자가 하는 것이 확실하고 효율적
이다(B-23, C-13항 참조).

● 포인트

① 운반 전담화의 재확인

8. 라인 작업자가 라인을 벗어나 물건을 가지러 가지 않는가

라인 작업자가 라인을 벗어나서는 안 된다는 점은 G-7항에서 다룬 것
과 마찬가지 이유에서다. 라인 작업에는 표준작업 이외의 작업을 시키지
않는 것이 중요하다. 이를 위해 운반작업을 전문화시키고 있는데 메인 부
품이나 재료는 운반자가 가져다 주는데도 사소한 부품(예를 들어 나사류
등)이나 포장재, 소모재(예를 들어 화장지, 걸레, 도포재, 씰 등)의 공급은
하지 않는 경우가 많다. 이들도 라인 작업자에게 하도록 해서는 안 된다.

● 포인트

① 라인 작업자가 라인을 벗어나는 일은 없는지 체크

② 호출 장치의 재체크, 개선

9. 긴급으로 자재를 필요로 하는 때는 라인 작업자가 신호를 보내 책임자나 운반자를 부르고 있는가(호출버튼, 호출등)

라인스톱의 위험이나 작업지연이 있거나 자재 중단의 경우에는 호출을 하도록 이미 정비해 왔다. 그런데 어떤 이유로 인해 자재가 급히 평상시보다 많이 필요하게 됐다든지 공급되어야 할 자재가 운반되지 않을 때는 운반자가 가까이에 없으면 작업자는 라인이 멈춘다고 생각해 자기가 가지러 가게 된다. 하지만, 작업자는 어떤 경우라도 움직여서는 안 된다. 어디까지나 호출을 해야만 한다. 이것이 제대로 잘 안되면 관리 · 감독자는 개선을 하도록 한다(C-17항 참조).

● 포인트

① 자재 요구를 위한 호출 시스템의 재검토와 철저한 지도

10. 한번에 많은 물건을 여분으로 가지고 오지 않도록 하고 있는가(세절운반(細切運搬), 다회운반)

운반은 저스트 인 타임이 원칙이다. 필요한 때에, 필요한 것을, 필요한 만큼 가져오게 하려면 몇 번이고 운반해야만 한다. 이것이 다회운반(多回運搬)이다. 하지만, 예를 들어 소형제품을 한 개 만드는 데 매회 한 개분의 부품만을 운반한다고 하면 오히려 번잡해지고 비용도 더 들게 되므로 사실상은 불가능하다. 이런 점과 저스트 인 타임의 적절한 조화를 어느 수준에서 찾아낼 것인가가 중요하다. 이상적인 모습에 보다 가깝게 가기 위해서는 현상을 바탕으로 어디까지 잘게 나누어 할 수 있을까, 또 얼마나 잘게 나누어야 하는지를 검토하고 실시를 필요로 한다. 이렇게 여러 차례로

잘게 나누어 하는 것을 세절운반(細切運搬)이라고 한다.

① 세절운반, 다회운반의 검토 및 실시

11. 공장내의 운반은 원칙적으로 부정시정량 운반으로 되어 있는가

G-5항의 ③ 부정시정량 운반은 저스트 인 타임을 위해서는 가장 유효한 방법이다. 간반을 떼어냈을 때마다 간반 1매분만큼 가지러 가는 것이 최상이다. 하지만, 그것이 곤란한 때는 정해진 매수 예를 들어 5매가 모이면 운반한다고 하는 것처럼 정해 둔다. 간반을 사용하지 않을 때에는 라인 사이드에 놓여 있는 부재료의 양에 따라 운반하는 타이밍을 정한다.

① 공장내 운반은 가급적 부정시정량 운반

12. 공장간의 운반 및 외주품의 반입은 원칙적으로 정시부정량 운반으로 되어 있는가

운반거리가 떨어져 있으면(예를 들어 두 공장간, 외주공장으로부터의 인수 등), 세절운반은 현실적으로는 어려운 경우가 많다. 이런 때에는, 차선책으로서 G-5항의 ② 정시부정량 운반을 채용한다. 납입 · 인수시기를 정해 두고(예를 들어 매일 10시와 15시에 인수 또는 두 시간마다 운반 등) 그 때마다 라인에서 사용한 만큼 공급하도록 한다. 이 때 그 도구로서 일반적으로 간반을 사용한다.

떨어진 공장이나 외주처 등에서 인수할 때의 간반의 운용방법은 아래와 같이 한다.

- 간반 매수의 설정

$$\frac{\text{일일 생산수}}{\text{간반 1매당 수용수}} \times (A \times \frac{1+C}{B} + \alpha)$$

* 여기서,　A : 운반일수(일) …… 운반일의 간격. 예를 들어 매일 납입이라면 1일,
이틀에 한번이라면 2일……이 된다.

　　　　　B : 운반회수(회) …… 하루에 몇회 운반하는가를 나타낸다.

　　　　　C : 운반간격(회차) … 나온 간반분량의 제품(또는 부품)을 간반 수령 후
몇 회차의 납입시에 운반하는가를 나타낸다. 수령 후 바로 다음 편으로 납입한다면 1회차가 된다.

- 간반 사이클

위의 계산식에 의한 간반의 회전방법을 통상 A-B-C로 표시한다. 이를 간반 사이클이라고 부른다.

(예)　* 매일, 1회, 다음 편으로 납입하는 경우

1-1-1

* 1일에 2회, 다음 다음 편(2편 뒤)으로 납입하는 경우

1-2-2

* 2일에 1회, 다음 편으로 납입하는 경우

2-1-1

① 원거리간 운반의 재검토, 정시정량 운반화

13. 순서생산 라인에 공급하는 부품으로 대형이나 특정부품의 경우는 순서에 맞춰 필요부품을 준비해 운반 · 공급하는 대책이 세워져 있는가

순서생산의 경우, 생산 순서는 평준화를 고려해 정해져 있다(B-15, B-16항 참조). 이 때 공급할 부품이 작은 경우는 종류마다 모아서 용기에 넣어 공급할 수 있도록 하면 좋지만 큰 부품과 같은 경우는 여러 종류의 부품을 작업자 근처에 많이 준비해 둘 수 없다. 이런 때는 미리 제품 한 개당 필요한 부품을 각각 생산순서에 맞춰 준비하고, 컨베이어나 슈터 등을 이용해 배열해서 생산순서대로 사용할 수 있도록 연구한다. 또 미리 제품 한 개당 부품종류를 세트로 해 라인에 공급하거나 라인 밖에서 조립해 라인으로 공급하는 경우도 있다.

① 순서생산일 때 부품 종류의 순서별 공급법의 연구, 실시

14. 자재류는 라인 사이드 공급(사용할 곳에서 바로 사용할 수 있도록 공급)이 원칙으로 되어 있는가

자재류는 창고를 갖지 않고 라인 사이드에 두는 것이 원칙이다. 운반의 낭비가 발생하지 않고, 현장에서 자재류의 상황을 보고 알 수 있게 되기 때문이다. 소물 · 소량품 등은 라인에서 그대로 사용할 수 있도록 슈터, 피

더, 컨베이어 등을 이용해 보충하는 연구를 한다. 덩치가 크거나 때때로 교체가 있을 때는 라인에 잘게 나누어 공급할 수밖에 없는 경우도 일어나는데 그 때도 가급적이면 낭비가 발생하지 않도록 배려가 필요하다(B-6항 참조).

> ● 포인트
>
> ① 자재류의 라인 사이드 공급 재검토, 개선

15. 자재류의 적치장소, 적치방법, 적치량, 라인으로 공급하는 방법, 용기 등에 대해 끊임없이 궁리하고 있는가

흐름작업에서 자재류는 라인작업을 흐트러뜨리지 않도록 항상 같은 위치, 같은 방향으로 공급되어 작업자가 매회의 작업에 편차를 발생시키지 않도록 되어 있어야만 한다. 예를 들면 상자에 넣어 공급되는 부품은 최초의 한 개를 꺼낼 때와 상자의 바닥에 남아있는 부품을 꺼낼 때는 꺼내는 거리, 방향, 각도 등이 미묘하게 달라진다. 이것이 사소하면서도 작업시간의 편차를 낳고 작업리듬을 어지럽혀 사이클을 흐트러뜨린다. 그래서 자재의 적치방향, 부품공급의 방법에는 주의를 기울일 필요가 있다(C-4, 6, 7, 24의 각항, D-11항 참조).

> ● 포인트
>
> ① 자재의 적치방향, 공급방법의 재 체크와 정비

16. 스토어의 위치, 크기, 높이, 양식 등이 적절한가

스토어는 간반방식의 산물이다. 간반이 없는 곳에 스토어는 없다. 스토어에는 간반의 발행 매수만큼 물건을 놓게 된다. 간반은 필요수만 발행하게 되므로 스토어를 보면 지연이나 진척도를 한 눈으로 알 수 있다. 따라서 보고 알 수 있도록 스토어에는 물건이 진열되어 있어야 한다. 또한 항상 라인의 상황도 함께 알 수 있는 위치에 마련해 두어야 한다. 그리고 어떤 스토어인지 알 수 있는 표시나 눈높이선보다 높게 쌓지 않도록 함으로써 안쪽까지 볼 수 있도록 하는 등의 배려가 필요하다(B-3, B-8항 참조).

● 포인트

① 스토어의 재검토, 개선

17. 불필요하게 운반 거리가 먼 것에 대해서는 재검토를 계속하고 있는가

제조된 제품이나 자재는, 라인 사이드에 놓는 것이 원칙이다(B-6, G-14항 참조). 이렇게 되면 운반은 불필요하다. 하지만, 기존 공장에서는 할 수 없이 운반을 해야만 하는 상황에 놓여 있는 경우가 많다. 이럴 때 어쩔 수 없다고 즉흥적으로 정하지 말고 항상 조금이라도 거리를 짧게 하려면 어떻게 하면 좋을까에 대해 생각하는 것이 중요하다. 예를 들면, 전후의 공정(설비)이 떨어져 있는 경우 가급적 공정을 근접시킬 것인가, 하나의 공정 안에 합칠 것인가 등을 생각해 보도록 하자.

● 포인트

① 운반거리가 먼 곳은 없는가, 가깝게 할 수 없는가를 조사 · 개선

18. 임시적치, 재적재는 보이지 않는가

물건은 모두 그 적치장소와 적치방법이 정해져 있다. 따라서 다른 장소에 임시로 적치한다든지 일단 놓아둔 것을 바꿔서 적재하는 일은 없을 것이다. 어떤 사정으로 할 수 없이 임시적치하는 경우에는 품명과 수량 그 이유와 책임자명, 그리고 기한을 명시해야 한다(B-4, B-5항 참조).

● 포인트

① 임시적치, 재적재의 발생 상황 체크

② 임시적치 표시판의 설치

19. 주소나 선반번호가 알기 쉽게 정해져 있는가, 누구나 지정된 곳에 어렵지 않게 갈 수 있는가

B-2항에서 주소를 정했다. 주소만 표시해 두면 누구나 헤매지 않고 그곳을 찾아갈 수 있도록 되어 있는지 현장에서 실제로 점검해 보자.

● 포인트

① 누구나 주소에 찾아갈 수 있는지를 체크

20. 제품 · 부품 등의 용기는 특수한 것을 제외하고 통일 또는 규격화되어 있고, 어느 상자도 같은 모양으로 적재가 가능하며 운반하기 쉽게 되어 있는가

스토어나 적치장소 그리고 운반차에 정확하게 적재할 수 있도록 하기 위해서는 상자의 크기가 통일되어야만 한다. 하지만, 제품이나 부품 등의 크기는 각각 다르므로 상자의 크기는 그것에 맞추게 된다. 그런데 이 경우도 정확하게 쌓을 수 있도록 기준 상자에 대해 상자의 치수를 정수비례가 되도록 하면 된다. 또, 적재작업을 하기 쉽고 쌓은 상자가 옆으로 쏠리지 않도록 모서리에 돌기 등을 붙여놓는 것도 유효하다.

① 수납용기의 규격화와 용기의 연구

21. 수납용기당 「수용수」를 가능한 한 작게 하였는가(소용량화)

B-13항에서 「물건에는 반드시 간반이 붙어있을 것」에 대한 체크를 했다. 이 때 통상의 경우 물건이란 물건이 들어있는 상자를 나타낸다. 즉 한 상자에 1매의 간반을 붙이게 된다. 한 상자에 여러 장의 간반에 해당되는 양만큼의 물건을 넣고 여러 장의 간반을 붙여놓는 경우를 보게 되는데 이 래서는 안 된다. 간반은 생산지시, 운반지시의 기능을 가지고 있어 가급적 저스트 인 타임에 근접한 생산을 하기 위해서는 생산하는 단위를 작게 함으로써 평준화해서 만들어야 한다. 그리기 위해서는 간반 1매당 수량을 가능한 한 작게 할 필요가 있다. 궁극적으로는 1매 1개가 이상적이다. 하지만, 이는 현실적이지 못하므로 소량을 간반 1매로 만들게 된다. 간반 1매당의 수용수가 크다는 것은 여러 번 나누어서 움직인다고 하는 간반의 특징을 저해하는 일이다.

간반생산을 하지 않는 곳에서도 한 상자당 수용수는 가급적 작게 설정하고 이를 지키도록 하는 일이 필요하다(D-11항 참조).

22. 운반구 · 운반차의 선정은 적절한가(형식, 크기, 편이성, 입수의 용이성 등)

이 방식에서 운반은 대단히 중요하다(G-1항 참조). 따라서 그 수단인 운반구는 항상 적절하고 효율적이 되도록 연구해야 한다.

23. 운반구의 자동화 연구 · 개선이 추진되고 있는가, 필요에 따라 로봇화되어 있는가

라인에서 낭비 없는 생산을 하기 위해서는 운반은 여러 번 나누어 저스트 인 타임으로 해야만 하는데, 많은 라인 · 공정과의 동기성, 비용 문제, 인력 확보 등 여러 가지 어려움이 뒤따른다.

쓸데없이 돈을 들여 자동화하는 것이 결코 좋다고 할 수 없으나 종합적인 판단 위에 라인의 효율화에 유익하다면 반송 컨베이어나 트랜스퍼 설비 등의 활용이나 로봇화도 생각해볼 수 있다.

24. 공정간 반송의 자동화 연구가 이루어지고 있는가

I-12, I-13항에서 착착방식(着着方式)으로 다루겠지만 착착방식까지 진행되면 남은 일은 자동으로 추출(Unloading)된 가공물을 다음 공정(기계)에 반송하고, 보낸 가공물을 자동적으로 기계에 취부(Loading)해, 자동으로 기동시키면 완전한 자동화가 된다. 실은 공정간 자동반송은 본 방식 자동화의 1 스텝이다.

> ● 포인트
>
> ① 착착방식 실시 후의 공정간 반송 연구(체크리스트 I 까지 진행된 시점
> 에서 조치해도 된다)

체크리스트 H (가공 자체의 낭비)

- 가공시간을 단축한다 -

년　　월　　일부터　　　　년　　월　　일까지

사업소		모델라인			(　　　공정)
항 목			**평 가**	**판 정**	**비 고**
1. 습관적으로 하고 있는 예비가공, 임시가공, 초벌가공, 전처리가공, 마무리가공, 연마가공, 모따기가공, 도포가공, 수정가공 등의 축소, 폐지에 힘쓰고 있는가					
2. 습관적으로 하고 있는 검사, 장부기입 등의 재검토가 이루어지고 있는가					
3. 가공 공정에서 떨어진 별도 위치에서 검사, 포장을 하고있지 않는가(공정중, 또는 공정의 최후에 한다)					
4. 과도한 검사, 장부기입, 포장은 없는가					
5. 작업대, 치구, 공구 등의 선택이 부적절해 가공에 여분의 시간이 걸리고 있지 않는가					
6. 치공구는 항상 완전한 상태로 사용하고 있는가 (불량으로 인해 일이 어려워지는 상황은 보이지 않는가)					
7. 수가공 작업에 대해서도 독자적인 전용치구를 연구해 사용하고 있는가					
8. 사람의 작업에 로봇화, 자동화, 기계화를 효과적으로 적용하고 있는가					
9. 인간친화적인 편리한 자동화가 되어있는가					
10. 측정, 기록, 장부기입 등의 작업에 대해서는 적극적으로 전산화를 도모하고 있는가					
11. 대량생산설비는 없는가. 이런 설비에서는 여러 번 나누어서 생산하는 연구를 하고 있는가					
12. 설비를 계획할 때, 필요이상의 고성능의 것을 쓰려고 하지 않는가					

항 목	평 가	판정	비 고
13. 가동률(稼働率)을 올리기 위해, 무턱대고 설비를 가동시키지 않는가(필요 없을 때는 계획적으로 정지한다. 「가동률(可動率)」을 높인다)			
14. 설비는 항상 정상상태로 조업하고 있는가(예를 들어 설비 열화에 따라 스피드를 감소시켜 가동하지 않는다. 여분의 사람을 붙이지 않는다)			
15. 고장이나 트러블로 인해 기계가 정지하는 일은 거의 없는가			
16. 기계고장, 순간정지 대책이 철저하게 추진되고 있는가			
17. 순간트러블 대책도 완전한가(기계·라인의 「감시인」은 보이지 않는다)			
18. PM, 보전, 생산기술의 체제는 정비되어 있는가			
19. 기계류는 상황에 맞춰 사소한 부분은 자사에 맞게 개조해 원활히 사용하고 있는가			
20. 설비의 보전 데이터, 보전 정보를 갖추고 있는가			
21. 공정의 간소화를 도모하고 있는가. U 라인으로 하고 있는가			
22. 설비설계, 공정설계의 단계부터 흐름의 특징을 고려해 설비나 공정을 만들고 있는가			
판정 항목수 (스테이지 Ⅲ……17항목 이상 필요) (스테이지 Ⅳ 스텝 9……20항목 이상 필요) (스테이지 Ⅳ 스텝 10……22항목 필요)			

 ## 체크리스트 H(가공 자체의 낭비)의 항목과 해설

1. 습관적으로 하고 있는 예비가공, 임시가공, 초벌가공, 전처리가공, 마무리가공,

연마가공, 모따기가공, 도포가공, 수정가공 등의 축소, 폐지에 힘쓰고 있는가

생산공정에서는 다양한 가공을 하고 있으며, 오랜 기간 축적된 기술도 그 안에서 빛을 내고 있다. 하지만 과거에 이렇게 해왔다는 이유만으로 같은 가공을 오래도록 계속하고 있는 경우가 있다. 물론 전통공예에서는, 물건을 만드는 과정과 기술 그 자체가 문화이므로, 당연히 그것 그대로 이어가야 한다. 그러나 현대공업에서는 낭비배제와 비용절감이 과제다. 낭비의 관점에서, 지금까지 경험적, 습관적, 계속적으로 당연하다고 생각해 왔던 가공이 정말로 필요한 것일까 생각해 본 적은 있는가. 멈춰도 문제가 되지 않는 경우도 있다. 많은 경우, 잠깐의 아이디어로 작업순서를 바꾸던가, 가공방법을 바꾸고, 재료나 전공정의 취급방법 차이로 이들 작업을 하지 않아도 괜찮은 경우가 있다. 특히, 전처리, 전가공, 후가공, 연마, 세척, 임시가공, 배열변경, 재적치, 재가공 등에 개선 포인트가 있다고 할 수 있다.

● 포인트

① 습관적으로 하고 있는 가공을 찾아내서 개선

② 다음 공정 또는 최종 공정 등에서 여분의 가공, 작업을 안 해도 되는 재료, 전공정에서 가공물의 공급을 확보하기 위한 연구와 개선

2. 습관적으로 하고 있는 검사, 장부기입 등의 재검토가 이루어지고 있는가

본 방식에서의 품질보증은, 라인 상 보증이 원칙이다(E-10항 참조). 하지만 최근에는 ISO 9000도 보급되어, 데이터의 수집 · 보존이 필요하다. 그런데 ISO 9000 때문이라든가, 오래 전부터 해오던 것이라는 이유만으로, 검사와 그 기록을 위한 장부기입을 하는 것이라면 의미가 없다. 필요

최소한으로 하자. 중요한 것은 무엇을 위해 하는가에 있다. 외형만의 관리는 비용을 높이게 된다.

아울러 본 방식에서는 순차 전수검사가 원칙인데 절삭가공 라인 등에서는 가공물을 가공된 순서대로 자동적으로 배열하고 그것이 어느 정해진 수량만큼 배열된 때, 경우에 따라 최초, 중간, 최후의 가공물의 검사를 한다. 이들이 문제가 없으면 그 때까지의 전체를 다음 공정으로 보내도록 한다. 이렇게 하면 검사공수는 비약적으로 줄어든다. 이 방법은 샘플링 검사와는 근본적으로 다르다. 한 개 흘리기이므로 가능한 것이다.

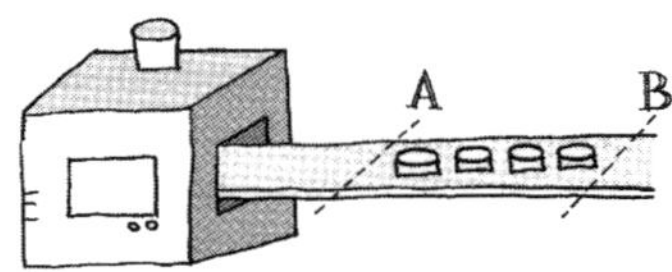

① 가공된 가공물을 B 점부터 배열한다.

② A 점까지 오면 선두와 마지막을 검사

③ OK면 전부 다음 공정으로 보낸다.

라인상 전수 검사의 예

● 포인트

① 습관적으로 하고 있는 검사, 장부기입 찾아내어 개선

② 절삭가공 라인 등의 검사 재검토, 및 개선

3. 가공 공정에서 떨어진 별도 위치에서 검사, 포장을 하고 있지 않는가(공정 중, 또는 최종 공정에서 한다)

품질을 보증하기 위해서는 최종검사에서 확실하게 불량을 찾아내는 것이 최선의 방법이라는 사고방식이 지금까지도 뿌리 깊다. 보안부품과 같이 법률규정이 있거나 고객으로부터 의무화되어 있는 것은 어쩔 수 없으

나, 그렇지 않은 것은 라인 상에서 보증하는 것이 가장 효율적이고 경제적이다. 검사장을 별도로 만들면, 아무래도 그곳은 「외딴 작업」이 되고 로트작업이 된다. 공수관리나 비용면에서도 불리하지만, 그보다도 모든 공정의 리드타임이 길어져, 정보의 전달이 지연되기 때문에 공정관리나 품질관리 면에서 신속한 대응이 어렵게 된다. 따라서 검사는 가능한 한 라인상에서, 또 검사공정을 마련하는 경우에도 공정의 뒤에 붙이도록 하자. 마찬가지로 포장도 공정의 뒤에서 하도록 하자.

● 포인트

① 검사장의 재검토, 라인에 직결시킨다

② 포장 장소의 재검토, 라인에 직결시킨다

4. 과도한 검사, 장부기입, 포장은 없는가

H-1항, H-2항에서 폐지, 축소를 다루었다. 하지만 어쩔 수없이 필요하다면 가급적 간단하게 할 수 없을까 생각해 보자. 필요 이상으로 정성껏, 또 상세하게 할 필요는 없다.

● 포인트

① 과도한 검사, 장부기입, 포장의 재검토

5. 작업대, 치구, 공구 등의 선택이 부적절해 가공에 여분의 시간이 걸리고 있지 않는가

종래부터 해왔다는 이유만으로, 같은 치공구나 작업대, 공구가 사용되는 일이 많다. 물론 선배들이 고생해서 사용하면서 현재의 형태까지 온 것이므로, 좋은 것도 많이 있다. 하지만 변화가 급격한 이 시대에서는, 재질이나 제품의 형상등이 바뀌어 지금은 어울리지 않게 된 것도 있다. 게다가 현재는 기술혁신도 진전되고 새로운 아이디어로 사용하기 쉬운 효율적인 것도 많이 나와 있다. 이들을 활용하거나 스스로 고안해 내는 일이 필요하다. 치공구 등의 선택시 적합성 여부가 의외로 작업효율에 영향을 미친다. 그 공정, 그 제품, 그 사람에 맞는 치공구류를 연구하도록 하자. 대용공구로 맞춘다는 것은 당치도 않다.

● 포인트

① 치공구류의 재검토

6. 치공구는 항상 완전한 상태로 사용하고 있는가(불량으로 인해 일이 어려워지는 상황은 보이지 않는가)

치공구류는, 최적의 상태에서 사용해야 한다는 것은 당연한 이야기다. 항상 손질을 잘 해두어, 낡은 상태로 있는 것, 동작불량인 것, 형태가 변형된 것, 윤활유가 떨어진 것 등은 수리를 하든지, 혹은 폐기하도록 하자.

● 포인트

① 치공구류의 관리, 수리, 폐기

7. 수가공 작업에 대해서도 독자적인 전용 치구를 연구해 사용하고 있는가

자동화된 설비 옆에 웬 일인지 조잡한 수가공 공정이 있는 공장을 자주 보게 된다. 이 부분이야말로 현장의 지혜를 짜내야 할 곳이다. 이렇게 조잡성을 띄는 이유의 한 가지는 임시용 작업대에서, 임시용 범용공구로 작업하는 데 있다. 아무리 임시적인 소량의 작은 라인이라도 그 제품에 맞는 치공구를 사용해야 한다. 하물며 양산공정이라면 더욱더 독자적인 전용 치구를 고려해야 할 것이다.

● 포인트

① 수가공 라인의 전용치구 연구

8. 사람의 작업에 로봇화, 자동화, 기계화를 효과적으로 적용하고 있는가

본 방식에서는 섣불리 로봇화나 기계화를 권하지 않는다. 표준작업으로 하여 요소작업을 택트 타임으로 분할해 갈 때, 요소작업을 세분화하지 못하고 일의 배분이 제대로 안 될 때가 있다. 또한 작업개선을 하고 있을 때 "이 작업시간을 좀 더 짧게 하면, 한 사람 더 줄일 수 있는데" 라고 하는 일도 자주 일어난다. 이같은 때에는 사람의 일을 로봇이나 기계로 바꿈으로써 해결이 가능한 경우가 있다.

● 포인트

① 로봇, 기계화의 효과적인 적용의 연구

9. 인간 친화적인 자동화가 되어있는가

    자동화를 향한 조치는 어느 공장이고 활발하게 진행되고 있다. 그 대부분은 사람이 하는 반복작업 부분을 기계로 바꾸는 것이다. 반복작업은 하루에도 몇 번씩 이루어지므로, 이를 기계로 바꾸면 분명히 효율은 향상된다. 하지만 작업자가 종일 작업할 수 있다는 것은 그 일이 사람에게 비교적 용이하다는 뜻이므로, 오히려 자동화해야 하는 곳은 중노동작업, 불안전한 작업, 계속적인 주의를 필요로 하는 작업 등 사람에게 힘든 작업이 아닐까. 또한, 반복작업의 중심적인 일이 기계로 바뀜으로써 표준작업에서 작업의 조합이 곤란해지는 경우도 일어난다. 기술혁신에 박차를 가하고, 코스트절감의 요구가 높은 요즘 자동화를 피할 수는 없지만, 사람에게 고통을 안기고 부담을 주고, 사람의 안전을 위협하고 있는 부분을 우선적으로 자동화하는 인간 친화적인 자동화를 해야 한다. 사람을 소중히 하는 사고 즉, 「물건 만들기는 사람 만들기」라는 도요타 생산방식의 기본이념이 여기서도 나타나고 있다.

● 포인트

  ① 인간 친화적인 자동화의 조치

10. 측정, 기록, 장부기입 등의 작업에 대해서는 적극적으로 전산화를 도모하고 있는가

    공정 가운데 특정 부위의 치수 측정이나 불량수, 불량개소 등의 기록을 하고 있는 곳이 있다. 이 작업은 지금도 사람이 하고 있는 곳이 많다. 라인 외의 사람이 한다면 무방하지만, 작업을 하고 있는 라인 작업자에게 그 일을 맡기는 경우, 그것이 표준작업에 포함되지 않으면 동기화를 흐트러뜨리게 된다. 표준작업에 포함시킬 수 없는 이 일들은 자동화나 전산화를 이용해 사람 손이 가지 않도록 하는 연구를 필요로 한다.

① 측정, 기록, 장부기입 등의 자동화 · 전산화 연구

11. 대량생산설비는 없는가. 이런 설비에서는 여러 번 나누어서 생산하는 연구를 하고 있는가

대량생산방식은 생산성이 높다는 종래의 사고방식으로, 설치한 설비나 해당 업계의 일반적인 생산방식으로 대형설비를 가지고 있는 곳은, 대량 로트생산을 할 수밖에 없다.

도요타 생산방식에서는, 라인을 세밀한 흐름으로 해, 그 생산량에 맞는 능력의 소형설비를 배열하는 것이 상식이지만, 이미 대형설비가 있는 곳에서는 그것을 쓸 수밖에 없다. 이때에는 가급적 로트를 작게 하는 일이 중요하며, 이를 위해 생산시스템이나 생산계획 수립방법을 바꿀 필요가 있다. 소로트화에서 준비교체가 네크가 된다면 그 단축개선에 적극적으로 임해야 한다(A-12항 참조).

● 포인트

① 대량생산설비에서 로트의 크기, 생산방법의 재검토

12. 설비를 계획할 때, 필요이상의 고성능의 것을 쓰려고 하지 않는가

설비기술자(설계자)는, 한 대의 기계에서 여러 가지 일을 해내는 다기능의 설비가 우수하다고 생각하는 경향이 있다. 게다가 고속이면서 높은 생산성을 지향한다. 그런데 급격한 변화의 앞을 내다보기 어려운 현재, 제품은 바로 바뀌어 버린다. 그러다 보니 고성능의 설비가 전혀 기능을 발휘하지 못하는 상황을 많이 보게 된다. 이런 시대야말로 설비는 가급적 심플하고 단순기능화 하여 이들을 연결해서 움직이도록 해야 한다. 제품 등이 바뀐 때는, 이 설비들을 새로운 제품에 맞도록 수정해 라인을 재편성하면, 경제적이며 대응도 신속하게 할 수 있다. 현실적이며 변화에 대응하기 쉽다. 'Simple is Best' 를 기억하자.

● **포인트**

① 설비설계의 재검토

---

13. 가동률(稼働率)을 올리기 위해, 무턱대고 설비를 가동시키지 않는가(필요 없을 때는 계획적으로 정지한다. '가동률(可動率)'을 높인다)

일반적으로 공장의 생산성을 올리기 위해서는 가동률(稼働率)을 높여야 한다고 생각하게 된다. 분명히 호경기 시절에는 그랬다. 하지만, 풀가동할 만큼의 양이 확보되지 않는 때에는, 아무리 가동률만 올려봐야 만든 제품은 재고가 될 뿐이다. 그렇게 서둘러 만들지 않고도 필요한 때에 필요한 시간만큼 가동하면 충분하다. 가능하면, 택트타임에 맞춰 느린 속도로 가동하든지, 간헐적으로 가동시키면 된다. 그러나 기계의 가공능력은, 약간의 조정은 가능하지만, 거의 그 사양에서 결정된다. 게다가 대개의 경우, 라인의 필요능력보다 크게 설정되어 있다. 따라서 어느 일정량(가급적 작은 생산 로트 사이즈로 한다)을 만들면 다음 필요한 때까지 기계를 정지시켜두도록 한다. 이런 방식을 가능하게 하는 데는, 움직이려고 할 때 정확하게 움직여야만 한다.

이 움직이고자 할 때 100% 가동시킬 수 있는 것을 '가동률(可動率) 100%'라고 하며, 가동률(稼働率)과 구분하고 있다. 이는 도요타 생산방식의 사상을 나타내는 것으로서, 지표가 될 수는 없다. 따라서 계산식은 아니지만, 여러 사람에 의해 그 수식이 거론되고 있다. 다음은 그 하나의 예다.

$$\text{가동률(可動率)} = \frac{\text{가동해야 할 이론 시간}}{\text{가동해야 할 이론 시간 + 여분으로 걸린 시간}} \times 100\%$$

가동률(可動率)은 이 수식에서도 보여주듯이, 절대로 100%를 넘을 수 없다. 즉, 이상적인 모습을 나타내고 있는 것이다. 아울러, 가동률(稼働率)은 100% 이상이 되는 경우도 있다.

> ● 포인트
>
> ① 가동률(可動率)의 이해와 향상대책

14. 설비는 항상 정상상태로 조업하고 있는가(예를 들어 설비 열화에 따라 스피드를 감소시켜 가동하지 않는다. 여분의 사람을 붙이지 않는다)

도요타 생산방식에서는, 생산의 궁극적인 모습을 목표로 모든 낭비, 문제를 철저하게 대처해 나간다는 것은 지금까지 다양한 조치를 통해 이해했을 것이다. ‘완전’을 추구하고 있으므로 타협은 인정할 수 없다. 따라서 설비에 대해서도 고장은 일체 생각할 수 없다. 기능이 정지되는 돌발 고장은 당연한 것이지만, 성능저하 고장도 완전한 상태를 지향해야 한다. 기능이 저하되면, 기계의 속도를 떨어뜨리거나, 부분적으로 응급조치를 한 채로 인원을 붙여 조금씩 상태를 보아가며 가동하는 것을 자주 보게 된다. 이는 불안할 뿐만 아니라 무엇보다도 흐름을 저해해 생산성을 현저하게 떨어뜨린다. 설비는 항상 만전을 기한 상태에서 사용해야 한다.

> ● 포인트
>
> ① 성능저하인 채로 가동하는 설비는 없는지 조사, 대책
>
> ② 성능저하가동을 「찾아내서, 고치고, 미연에 방지하는」 시스템 만들기

15. 고장이나 트러블로 인해 기계가 정지하는 일은 거의 없는가

기계고장이나 트러블은, 생산에 커다란 공백을 발생시킨다. 특히 흐름 공정으로 되어있으면, 기계는 각 라인의 전용으로 되어 있으므로 다른 기계에서 대신하기 어렵게 된다. 따라서 고장이나 트러블은 항상 제로가 되도록 해야 하는데, 우선 현상을 조사해 숫자로 나타내보자. 여차하면 엄청난 고장이나 트러블로 인해 멈춰버릴 지도 모른다. 또 이런 숫자가 지금까지 거의 파악되지 않고 있었다는 것도 알게 된다.

> ● 포인트
>
> ① 고장, 트러블의 실태조사와 대책
>
> ② 고장, 트러블의 기록수집 표준화

16. 기계고장, 순간정지 대책이 철저하게 추진되고 있는가

흐름공정으로 해 택트 생산을 하고 있을 때에 라인이 멈추면, 그만큼 당일분의 필요량이 부족하게 된다. 그래서 현실적으로는 고장이나 트러블은 생산의 부산물이라는 생각을 바탕으로, 이를 감안한 생산체제로 하는 경우가 많다. 즉, 낭비를 안고 생산하며 궁극적인 모습과는 거리가 먼 상황이 되어버린다. 따라서 고장이나 트러블은 제로로 해야 한다는 사고로 바꾸지 않으면 언제까지고 고장이나 트러블은 없어지지 않는다.

고장이나 트러블 대책을 세우는 데는 그것이 발생한 때가 기회다. 발생한 현실을 현장에서 현물을 보고, 원인을 찾아내어 손을 쓰는 것이 필요하다. 발생하는 문제는 큰 것도 있고 작은 것도 있지만, 제로로 해야 하므로, 크고 작은 것 모두 다 전부 제거해야만 한다. 문제해결에서 이 점이 도요타 생산방식과 데이터의 해석을 통해 가장 나쁜 것부터 대책을 세워가는 중점지향의 QC가 다른 점이다(E-2항 참조).

> ● 포인트
>
> ① 고장, 순간정지의 철저한 대책과 그 기록

17. 순간트러블 대책도 완전한가(기계 · 라인의 「감시인」은 보이지 않는다)

라인에 따라서는 순간정지보다도 순간트러블 쪽이 많다. 순간트러블의 경우, 라인을 가동시킨 채, 약간 손을 보거나 수정을 하면 원래의 정상적인 상태로 되돌아가는 경우가 많다. 근본대책을 세운 것은 아니므로, 언제까지고 순간트러블은 줄어들지 않는다. 하지만 간과하게 되면 커다란 트러블로 발전하거나, 품질에도 영향을 미치게 되므로, 인원을 붙여 돌보거나 수정시키도록 한다. 말하자면 '감시인'인 셈인데, 이렇게 되면 사람도 불량도 줄어들지 않는다.

① 순간트러블의 철저한 대책(3현 주의로)
② 「감시인」의 철저한 폐지

18. PM, 보전, 생산기술의 체제는 정비되어 있는가

설비가 항상 완전하여 가동률(可動率) 100%를 유지하기 위해서는, 이를 위한 체제가 필요하다. 설비보전, PM관리, 생산기술(설비기술) 등의 체제를 갖추고, 실무에 강한 인재를 육성하는 점이 도요타 생산방식을 성공시키기 위한 중요한 열쇠가 된다. 평소부터 이들 인재에 의해 설비를 정비하고, 고장예방활동을 하며, 만일의 고장발생 시에는 신속히 대응할 수 있도록 해야 한다.

또 개선을 추진할 때, 이들 설비에 관련되는 사람들의 협력은 불가피하다. 생산은 설비를 사용해 이루어지고, 라인작업에서는 여러 가지 치공구를 사용한다. 이들의 개선에는 전문적인 지식과 기술, 그리고 힘을 필요로 하는 경우가 많다. 이런 점에서 보전, 설비 전문가에게 기대하는 바는 크다고 할 수 있다.

① 보전, PM 등 설비에 관한 체제의 재검토

19. 기계류는 상황에 맞춰 사소한 부분은 자사에 맞게 개조해 원활히 사용하고 있는가

설비는 가능하면 심플한 것으로 한다(H-12항 참조). 그 대신 라인의 구성, 흘리는 제품의 특성, 제조량, 생산기간, 비용, 생산성, 생산환경, 작업자의 의견 등을 고려하면서 독자적으로 개조를 추가해 자기 회사에 어울리는 적절한 설비로 바꿔가야 한다. 이렇게 함으로써 자사의 기술력이 높아지고 생산성, 품질에도 좋은 영향을 미치며, 보전 비용도 낮추고, 인간에게 친화적인 설비를 만들 수 있게 된다. 아울러 작업자의 의식도 높아져 수준 높은 직장으로 꾸밀 수 있게 될 것이다.

● 포인트

① 설비를 자사에 맞게 개조

20. 설비의 보전데이터, 보전정보를 갖추고 있는가

현대의 생산 공장에서는, 거의 설비에 의존해 물건을 만들고 있다. 설비가 없다면 생산은 성립할 수 없다. 따라서 얼마나 설비를 유용하게 활용하느냐가 관건이 된다. 그러기 위해서는 설비에 관한 정보가 중요하다. 설비의 가장 중요한 정보는 설비의 가동, 정지에 관한 것이다. 이들은 가동률, 고장건수, 고장 강도율, 고장 도수율, 순간정지건수, MTBF, MTTR 등의 데이터와 고장기록, 고장대책서, 보전기록, 설비점검기록, 개선보고서, 설비이력서 등의 문서들이다. 이들 정보를 컴퓨터에 입력해 데이터베이스화하고 누구나 언제나 꺼낼 수 있도록 해 정보의 공유화를 꾀하면 그 정보를 활용해 한층 효율적인 보전활동을 할 수 있게 된다.

21. 공정의 간소화를 도모하고 있는가. U라인으로 하고 있는가

기계는 심플하게 전용화해 연결해서 사용하는 편이 좋지만(H-12항 참조), 그렇게 되면 아무래도 라인이 길어진다. 라인은 짧아야 작업자의 보행거리가 줄어든다. 그래서 몇 개의 공정을 통합해 하나의 설비로 대응하면 보행거리는 줄어든다. 하지만, 한 장소에 일이 집중되므로, 표준작업을 만들어 개선을 해갈 때, 한 장소에서의 작업량의 크기가 작업의 조합에 장해가 되며 개선을 방해한다. 그래서 다시 거꾸로 공정을 잘게 나누어 요소작업의 단위를 작게 하면 작업의 조합이 용이하게 된다. 즉, 전혀 반대의 두 가지 방법 모두 필요하게 되며 그 두 가지의 병합을 어디에서 할 것인가 하는 판단이 중요하게 된다. 이럴 때 공정의 통합과 분할에 대한 사고방식과 기술이 도움이 된다.

그런데 긴 라인에서는 U라인으로 하는 것이 유효하다(C-29항 참조). 기계가 서로 마주 보며 설치되어 있으므로 보행거리가 줄어든다. 하지만 U라인의 유리함은 우선 공정(기계)을 U자로 배열함으로써 작업 조합의 자유도가 높아지고, 한 사람 또는 두 사람이나 세 사람이라도 일할 수 있는 소인화(少人化)라인을 만들기 쉬워진다는 점이다. 아울러, 소인화란, 이와 같이 몇 사람이라도 그것도 가급적 적은 인원으로 물건을 만들 수 있는 라인으로 만드는 것을 목표로 하며, 생인화(省人化)와 구별한다. U라인의 두 번째 유리함은, 라인의 선두와 말미를 근접시키게 되어, 이곳을 한 사람이 담당해 라인에 투입되는 수와 나오는 수를 항상 일치시킬 수 있다는 점이다. 이로 인해, 라인 가운데의 재공은 항상 일정하게 유지할 수 있고, 재공재고의 증가를 막을 수 있게된다. 아울러 라인의 긴장도가 높아져, 문제점이 표면으로 나타나기 쉬워 개선을 촉진하고, 보다 안정된 높은 생산성의 라인으로 바꿀 수 있다는 장점도 얻을 수 있다.

> ● 포인트
> ① 공정 간소화(통합과 분할의 병합)의 연구
> ② U라인의 적용

22. 설비설계, 공정설계의 단계부터 흐름의 특징을 고려해 설비나 공정을 만들고 있는가

일반적으로 공장에서는 제조부문과 설계, 생산기술부문으로 나뉘어져 있다. 신제품, 신설비의 도입 시에는 설비가 중심이 되고, 공정의 준비는 설계나 생기부문이 중심이 되어 기획, 설계, 수배 등을 한다. 이 때 이들 부문의 사람들이 흐름의 사고, 방법을 이해하지 못한 채로 일을 추진하는 경우가 많다. 그 때문에 시작, 양산의 단계에서 혼란을 일으켜 현장이 많은 고생을 하게 된다. 설계, 생기의 사람들도 도요타 생산방식, 방법을 이해하는 것이 중요하다(H-12항 참조).

> ● 포인트
> ① 설계, 생기 담당자의 교육과 훈련

체크리스트 I (동작의 낭비)

– 작업시간을 단축한다 –

년　월　일부터　　　년　월　일까지

사업소		모델라인		(　　　　공정)
항　목		**평 가**	**판정**	**비 고**
1. 작업자는 기계가 가공하고 있는 것을 지켜보고 있지 않는가(사람과 기계의 일이 구분되어 있는가)				
2. 작업자가 필요이상으로 걸어 다니고 있지 않는가 (표준작업으로 정한 일 이외는 시키지 않는다)				
3. 필요이상으로 보행거리가 긴 곳은 없는가				
4. 표준작업의 순서에서, 왔다갔다 하는 곳이나 교차되는 곳은 없는가				
5. 판단하기 곤란하거나 이상이 있을 때, 작업자끼리 서로 상담하는 일은 없는가				
6. 라인 작업에서, 물건을 집었다 놓았다 하는 동작은 없는가(집고 놓는 낭비)				
7. 라인 작업자에게 자재 등의 보충을 시키는 경우에도 정확히 룰을 정해두었는가				
8. 반복 작업에서 매번 가공물을 손으로 잡고(혹은 누르고) 기계가공을 하고 있는 곳은 없는가				
9. 수작업 가운데, 치구로 유지하며 가공하고 있을 때, 또 공구를 사용해 가공하고 있을 때, 작업마다 그것을 집거나 놓거나 하지 않는가				
10. 자재의 놓는 방법이나 위치가 나쁜 탓에, 작업하기 어렵거나, 작업시간에 편차가 발생하지는 않는가				
11. 치공구 · 측정구는 전용화해 두었는가				
12. 기계는 가공이 종료되면 자동정지 · 자동추출이 되도록 되어있는가				

항 목	평 가	판정	비 고
13. 사람과 기계로 가공하고 있는 공정에서는, '착 착방식'이 되어 있는가(사람의 일은 가공물의 취 부만 하게 되어 있는가)			
14. '동시진행방식'이 곳곳에 적용되고 있는가(동시 진행 스위치, 동시진행 가공, 동시진행 검사)			
15. 작업 장소는 잘 정비되어 있어 걷기 편안한가			
16. 작업환경은 일하기 쉽도록 배려되어 있는가			
17. 동작경제의 제반 원칙–인체사용 원칙을 활용하 고 있는가			
18. 동작경제의 제반 원칙–설비 및 배치의 원칙을 활용하고 있는가			
19. 동작경제의 제반 원칙–기계기구 설계의 원칙을 활용하고 있는가			
판정 항목수 (스테이지 Ⅲ……15항목 이상 필요) (스테이지 Ⅳ 스텝 9……18항목 이상 필요) (스테이지 Ⅳ 스텝 10……19항목 필요)			

6-9 체크리스트 I(동작의 낭비)의 항목과 해설

1. 작업자는 기계가 가공하고 있는 것을 지켜보고 있지 않는가(사람과 기계의 일이 구분되어 있는가)

이미 F-2항에서도 언급했다. 표준작업을 계획할 때 표준작업조합표를 사용해 기계와 사람의 일을 구분하는 것도 다루었다(C-3항 참조). 기계가 일을 하고 있는 동안 사람이 붙어있지 않아도 되도록 하기 위해서는, 적어도 가공이 종료된 시점에서 기계는 정지되어야 한다. 기계가 원위치로 돌아와 가공물이 자동으로 튀어나오게 되어있으면 더욱 바람직하다(I-12항 참조). 이렇게 함으로써, 작업자는 기계에 붙어있지 않아도 되고, 다음 일에 착수할 수 있게 된다.

> ● 포인트
>
> ① 기계가 가공하는 것을 지켜보고 있지 않는지를 체크

2. 작업자가 필요이상으로 걸어 다니고 있지 않는가(표준작업으로 정한 일 이외에는 시키지 않는다)

작업자가 표준작업에 의거해 작업을 진행하고 있을 때, 그 순서에 제시되어 있지 않은 일은 절대로 하지 않고 시키지도 않는 것이 중요하다. 운반이나 전공정이 제대로 돌아가지 않아 흐름이 중단되었을 때, 제품이나 부품 등에 문제가 발생했을 때, 라인이 멈췄을 때 등 작업자는 자기 마음대로 돌아다녀서는 안 된다. 이에 대해서는 이미 몇 개 항목에서 다루었는데, 작업동작에 관한 기본이므로, 한 번 더 검토하도록 한다(C-5, 7, 13의 각항, D-13, 14의 각항, F-7, 8의 각항, G-8, 9의 각항 참조).

> ● 포인트
>
> ① 돌아 다니는 작업자의 체크

3. 필요이상으로 보행거리가 긴 곳은 없는가

많은 지도자들이 작업자가 걷는 거리의 낭비를 지적한다. 하지만, 현실

적으로는 설비 등의 이동에 노력과 비용이 드는 외에, 이설 장소의 확보가 곤란한 점도 문제해결의 걸림돌이 되고 있다. 이럴 때, 그 보행시간이 작업 1회의 사이클 가운데 소화할 수 있는 시간이라면 일단은 작업자를 걷게 하면 된다. 무턱대고 단지 보행거리가 길다는 것만으로 확실한 목표도 없이 약간의 보행시간을 줄이려고 하면 개선비용만 들뿐이다. 단지 보행거리를 줄이는 일이 명백하게 표준작업의 개선으로 이어지거나, 떨어진 곳에 설비가 있는 것이 무의미하거나 낭비를 낳고 있는 경우에는 조치를 해야만 한다. 예를 들어, 생산라인과 떨어져 검사·포장장소가 있어 빈번하게 그 사이를 운반하고 있는 경우에는, 검사·포장 작업을 라인의 뒤에 붙여서 표준작업 안에 포함되도록 한다(H-3항 참조).

> ● 포인트
>
> ① 보행거리가 긴 곳의 재검토, 개선

4. 표준작업의 순서에서, 왔다갔다하는 곳이나 교차되는 곳은 없는가

표준작업은 표준작업표에 나타낸다. 이 때, ①-②-③-과 같이, 동그라미를 친 요소작업의 번호를 단순화한 레이아웃도에 작업순서대로 실선으로 이어가는데, 이 선이 왔다갔다하고 있거나, 복잡하게 교차하고 있으면, 1사이클마다 움직이는 거리가 길어질 뿐만 아니라 작업의 리듬을 방해하는 요인이 된다(A-3항 참조).

> ● 포인트
>
> ① 표준작업의 작업자의 움직임 재검토

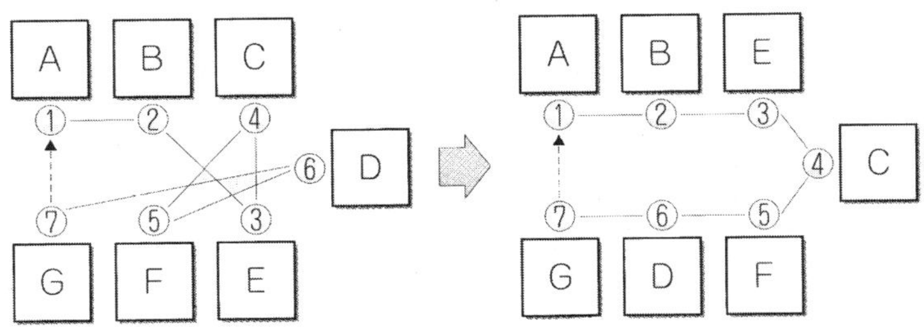

왔다갔다하는 것은 안 된다

5. 판단하기 곤란하거나 이상이 있을 때, 작업자끼리 서로 상담하는 일은 없는가

이상이 발생한 때나 자재의 결품, 불량의 경우 등 작업자가 판단하기 어려워 작업자끼리 서로 상담하는 광경을 때때로 보게 된다. 이런 때는 표준작업대로 작업을 진행할 수 없기 때문에, 라인을 멈추고 호출을 해서 책임자가 오는 것을 기다리도록 해야 한다(B-34, 37의 각항, C-5, 7의 각항 참조).

● 포인트

① 작업 중에 작업자끼리 상담 금지, 체크

6. 라인 작업에서, 물건을 집었다 놓았다 하는 동작은 없는가(집고 놓는 낭비)

수작업을 하고 있을 때, 예를 들어 그 공정에서 완성한 가공물을 꺼내어 일단 베이스 위 같은 곳에 놓고 다음 작업을 마친 뒤에 놓인 가공물을 들어 상자에 넣는 동작은 어느 공장에서도 일상적으로 볼 수 있다. 이와 같은 경우, 완성된 가공물을 집어서 바로 그 다음 동작에서 상자에 넣도록 하

면, 일단 임시로 놓는 동작이 없어진다. 그것이 공정의 도중이라면 집은
손으로 다음 공정의 치구 등에 올려놓으면 임시로 놓는 동작은 없어진다
(다만 이 경우는 자동으로 튀어나오도록 되어있어야 한다. I-12항 참조).

① 라인 작업에서 물건을 집고 놓는 동작의 낭비 체크

7. 라인 작업자에게 자재 등의 보충을 시키는 경우에도 정확히 룰을 정해두었는가

이미 G-8항에서 작업자는 라인을 벗어날 수 없고, 물건을 가지러 가지
않는다는 것에 대해 체크했다. I-2항에서는 표준작업에서 인정된 것 이
외에는 하지 않는다는 것에 대해서도 체크했다. 또 C-13, G-7항에서, 표
준작업으로 작업을 진행할 때, 운반 등 지원업무는 전담자를 정해서 한다
고 다루었다. 하지만 어떤 이유로 전담자를 정할 수 없을 때는 할 수없이
작업자가 부재 등을 가지러 가게 되는데, 이 경우에도 가지러 가는 타이
밍, 가지고 오는 종류와 양 등을 확실하게 정해서 낭비되는 동작이나 일의
발생을 억제할 필요가 있다(G-1항 참조).

① 어쩔 수 없이 라인작업자에게 자재를 가지러 보낼 경우의 표준화

8. 반복작업에서 매번 가공물을 손으로 잡고(혹은 누르고) 기계가공을 하고 있는 곳은 없는가

I-1항에서 사람과 기계의 일을 구분하는 데 대해 체크했는데, 아주 짧은 시간이라고 해서 가공물을 손으로 잡거나 누르고 가공하는 곳은 없는가. 예를 들면 프레스에서 작은 구멍을 뚫는 경우나 연마기에서 연마하는 경우 등이다. 일회마다의 소요시간은 아주 짧지만 이것이 하루, 한 달이 되면 커다란 낭비가 된다. 하지만 그보다도 이 뒤의 I-12, 13항에서 다루는 착착방식에 장해가 된다.

● 포인트

① 손으로 쥐고 기계 가공하는 곳은 없는가를 체크

9. 수작업 가운데 치구로 유지하며 가공하고 있을 때, 또 공구를 사용해 가공하고 있을 때 작업마다 그것을 집거나 놓거나 하지 않는가

제품이나 부품의 조립라인 등에서 치구에 가공물을 결합해 작업하거나 공구(예를 들어, 해머, 펜치 등의 일반공구나 전용공구)를 사용해 가공하는 경우 작업 때마다 이들 치공구를 집거나 놓거나 하는 것은 낭비다. 고정식으로 한다든지 실린더나 소형프레스 등을 활용한 간단한 기기를 고안할 필요가 있다.

● 포인트

① 치공구의 집고 놓기 낭비를 체크

10. 자재료의 놓는 방법이나 위치가 나쁜 탓에 작업하기 어렵거나 작업시간에 편차가 발생하지는 않는가

표준작업에서는 반복작업이 매회 같은 속도로 이루어진다. 이를 위해서는 작업을 순서대로 같은 속도(공수)로 진행할 필요가 있는데, 이는 정확한 표준작업의 조합과 훈련에 의해 상당한 수준까지 올릴 수 있다. 하지만 사용하는 부품이나 재료의 위치가 일정하지 않으면, 매회 이것들을 가져오는 시간이 미묘하게 달라져서 전체의 공수에 편차가 발생하게 된다. 예를 들면 상자에 들어있는 부품의 경우, 부품끼리 맞물려있거나 겹쳐져 있어 꺼내기 어려울 때, 포장재에 포장되어 있어 이것을 벗겨내면서 사용할 때, 상자가 비어 다음 상자와 바꿀 때 등에 편차가 발생한다. 동일 상자 내에도 상자가 크거나 깊거나 하면 상자의 앞쪽에서 꺼낼 때와 뒤쪽에서 꺼낼 때, 상자의 위에서 꺼낼 때와 아래에서 꺼낼 때와는 시간이 다르다. 이 차이를 없애기 위해서는 부품공급기와 같이 항상 같은 위치에서 같은 자세로 같은 방향을 향해 한 개씩 꺼낼 수 있도록 하면 된다. 이를 위해서 소물부품에는 부품공급기의 채용도 유효하므로 컨베이어나 슈터를 사용해 한 개씩 같은 위치에서 꺼낼 수 있도록 연구하는 것도 필요하다.

● 포인트

① 라인의 부품 상자를 놓는 방법, 상자의 형상, 크기, 수용수의 재검토, 개선

② 부품 등의 라인공급 방법의 연구, 개선

11. 치공구 · 측정구는 전용화해 두었는가

반복작업에서 사용하는 치구는, 대개의 경우 전용화되어 있다. 그러나

공구나 측정구의 경우는 시중 제품이 있어 이것으로 맞춰보려고 하는 일이 많다. 게다가 많은 현장에서는 하나의 공구나 측정구로 여러 종류의 제품에 대응하고 몇 가지의 작업까지 수행하고 있다. 여러 개의 제품이나 작업에 같은 공구나 측정구를 사용하면 아무래도 이들을 집거나 놓게 되고, 때로는 조정하거나 다시 설정하거나 하는 일이 많아져 작업에 편차가 생긴다. 따라서 공구나 측정구는 라인마다, 제품마다, 작업마다 따로 준비한다. 즉, 전용화를 필요로 한다. 예를 들면, 공정에서 길이나 무게의 척도를 측정할 때 범용의 자를 사용하는 일이 많다. 이와 같은 경우에는 전용의 자를 준비하면 된다(H-7항 참조).

> ● 포인트
>
> ① 치공구 · 측정구의 전용화

12. 기계는 가공이 종료되면 자동정지 · 자동취출되도록 되어있는가

자동화가 진행되고 있는 오늘날에도 스위치를 넣고 가공을 시작하면 멈추지 않는 한 계속 가공하는 사양으로 되어있는 기계가 있다. 이런 기계에서는 사람이 붙어 제품의 취출, 공용기의 교환, 재료의 보급 등을 할 필요가 있다. 이를 위해 사람은 기계가 움직이고 있는 동안 붙어있어야만 한다. 그래서 기계가 가공을 끝냈을 때, 자동적으로 정지하고 원위치로 복귀해 제품이 자동적으로 튀어나오도록 하면, 사람이 할 일은 기계에 재료를 넣고, 가동스위치를 넣는 것뿐이다. 사람은 기계에 붙어있지 않아도 되고, 다른 일을 할 수 있게 된다.

13. 사람과 기계로 가공하고 있는 공정에서는 '착착방식'이 되어 있는가(사람의 일은 가공물의 취부만 하게 되어 있는가)

전항의 방법을 반복 작업의 라인에 집어넣은 것이 '착착방식'이다. 기계는 가공이 끝난 제품을 자동으로 뱉어내고 멈추므로 작업자는 기계에 재료를 걸기만 하면 된다. 재료를 안착시켜 간다는 점에서 '착착방식'이라고 하는데, 일이 착착 진행된다는 의미라고 하는 사람도 있다.

실은 착착방식은 본 방식에서 자동화 수단의 하나이다. 본 방식에서 자동화의 사고방식은, H−12항의 설명처럼 다기능을 하나의 기계에 묶는다는 것보다 단기능을 잇는 방법을 취한다. 따라서 착착방식으로 취출까지 자동화가 진행되면, 다음은 자동으로 튀어나온 것을 다음 기계에서 자동적으로 취부해 자동기동할 수 있도록 하여, 그 라인은 완전히 자동적으로 움직이게 되어 사람은 필요 없게 된다. 아울러 이런 라인의 중간에 완충기능을 갖도록 하면 다소의 지연이나 트러블에 대응할 수 있게 되며, 라인 전체의 생산성을 떨어뜨리지 않는 '우수한 라인'이 된다.

그러나 튀어나온 가공물을 다음 기계에 취부하는 데는 기계간의 반송 문제를 해결해야만 하고, 로봇을 이용해 취부하는 일이 많아진다. 따라서 이를 위해서는 경비와 시간, 그리고 기술력이 필요하므로, 전체 자동화가 바로 되지 않는 경우에도 착착방식까지는 확실하게 해 둘 필요가 있다.

14. '동시진행방식' 이 곳곳에 적용되고 있는가(동시진행 스위치, 동시진행 가공, 동시진행 검사)

'동시진행방식' 이란 무언가를 하면서 동시에 다른 일도 병행하는 방식을 말한다. 예를 들면, 다음 공정으로 이동하면서 스위치를 넣고, 두 개의 부품을 조립하며, 가공하면서 더러움을 닦아내고, 가공하면서 치수검사까지 하는 것과 같은 것이다.

15. 작업 장소는 잘 정비되어 있어 걷기 편안한가

계획대로 생산하기 위해서는 표준작업대로 작업을 진행하고, 작업의 편차를 없애는 일이 필요하다. 이를 위해서는 안정된 작업을 할 수 있는 작업환경의 정비도 중요하다. 작업하기 편하고 걷기 편하도록 레이아웃을 배려하는 일은 물론이지만, 발 근처에 장애물이 없고 피로가 적도록 해야 한다. 예를 들어 콘크리트와 같은 견고한 바닥에는 고무매트 같은 것을 까는 것도 좋을 것이다. 바닥에 단차가 없도록 하는 일도 필요할 것이다.

16. 작업환경은 일하기 쉽도록 배려되어 있는가

작업장은 밝고 안전하며 건강한 환경을 유지할 수 있도록 배려하자. 작업자 쪽의 조명이 충분한 지도 중요하다. 상처를 입지 않도록 안전대책도 만전을 기할 필요가 있다.

17. 동작경제의 제반 원칙-인체사용 원칙을 활용하고 있는가

18. 동작경제의 제반 원칙-설비 및 배치의 원칙을 활용하고 있는가

19. 동작경제의 제반 원칙-기계기구 설계의 원칙을 활용하고 있는가

I-17, 18, 19는 모두 동작경제의 제반 원칙에 관한 것이므로, 종합해서 해설한다.

도요타 생산방식에서는, 여러 가지 관리기법을 활용하고 있다. 그 가운데 특히 IE수법은 적극적으로 도입하고 있으며, 현장 개선의 기본이 되어 있다. 도요타 생산방식의 대부인 오노 다이이치(大野耐一)는, 돈을 버는 IE라고도 하고 있다(『도요타생산시스템』 머리글에서).

이 IE수법 가운데에서도 동작경제의 제반 원칙은 가장 잘 이용되고 있다. 컨설턴트나 지도자가 현장에서 지적하는 공정이나 작업의 개선 포인트는, 거의 이 원칙에 입각한 것이라고 할 수 있다.

그 내용을 여기 기록해 둔다.

〈동작경제의 제반 원칙〉

A. 인체사용의 원칙

a. 양손은 동시에 반대 또는 대칭 방향으로 움직이고 손을 놀리지 않을 것

b. 사용하는 신체부분을 가급적 최소범위로 할 것

c. 불안정한 자세나 신체의 상하움직임을 피할 것

d. 급격한 방향 전환을 피하고, 원활한 연속동작으로 할 것

e. 큰 힘을 요하는 작업에는 가능한 한 물건의 힘을 이용할 것

f. 주의를 적게 하고, 동작을 용이하게 할 수 있도록 할 것

g. 동작에 주기성을 부여하고 자연스런 리듬을 타도록 할 것

B. 설비 및 배치의 원칙

a. 재료나 공구는 작업자의 주변에 가급적 앞면 가까이에 배치할 것

b. 재료나 공구는 모두 일정한 위치에 놓을 것

c. 물건의 이동에는 상하이동을 피하고 수평이동으로 할 것

d. 물건의 이동에는 가능한 한 중력을 이용할 것

e. 재료나 공구는 동작하기 가장 적합한 위치에 놓을 것

f. 기계의 조작부분, 작업대 등의 높이는, 작업의 성질이나 작업자의 신장에 적합하게 할 것

g. 작업 성질에 적합한 조명으로 할 것

C. 기계기구의 설계 원칙

a. 손으로 기계나 체결구를 조작하거나, 재료나 기구를 유지하는 동작
은 가급적 피할 것

b. 하나의 도구밖에 사용하지 않는 작업에서는 그에 적합한 전용치구를
이용할 것

c. 둘 이상의 공구를 사용하는 경우에는 가급적 공구를 조합할 것

d. 공구류는 사용하기 쉽고 피로가 적은 것을 이용할 것

e. 기계는, 안정된 자세로 조작할 수 있고, 동작 순서에 적합하도록 레
버나 핸들 등의 위치를 정할 것

(『작업연구』, 日刊工業新聞社 간)

체크리스트 J (재고의 낭비)

- 낭비의 집합체인 재고를 없앤다 -

년   월   일부터   년   월   일까지

사업소		모델라인		(공정)
항 목			평 가	판정	비 고
1. 생산계획은 필요한 것(팔리는 것)만 만드는 계획으로 되어 있는가					
2. 양산품의 예측생산에서 출하의 평준화를 도모하고 있는가					
3. 수주생산품의 재고는 없는가. 있어도 극히 소량인가(원칙적으로 수주 또는 납기순으로 출하를 보고 생산하고 있는가)					
4. 간반생산에서는 간반의 발행매수가 필요최소한으로 설정되어 있고, 재고는 제한되어 있는가					
5. 완성품재고는 없는가. 또는 있어도 극히 소량인가. 사장재고는 전혀 없는가					
6. 외주품에 대해서도 재고는 극히 적은 양으로 되어있는가					
7. 고객의 요망에 따라, 출하의 일시정지, 보관취급 제품은 스토어나 적치장소에서 평준화해 임시로 빼내어 통상재고와 구분해 별도 장소에 보관하고 있는가					
8. 출하가 통상보다 많을 것으로 예상되는 경우에도, 스토어나 적치장소에서 그만큼 평준화해 임시로 빼내어 통상재고와 구분해 별도 장소에 보관하는 등의 연구가 되어 있는가					
9. 자재는 라인사이드 공급이 되고있는가. 재료창고, 부품창고, 자재창고 등은 없앴는가					
10. 자재 등의 구매품에 대해서도, 필요한 때에 필요한 만큼만 구입하고 있지 않는가(간반 또는 발주점 관리에 의한 구입)					
11. 떨어져 있는 공정 간에서는, 후공정인수생산으로 되어있고, 그 사이의 재공품은 간반에서 설정된 수량만으로 되어 있는가					

항 목	평 가	판 정	비 고
12. 어쩔 수 없이 지시생산을 하고 있는 라인에서는, 중간재고가 나오지 않도록 고려해 지시수를 정하고 있는가			
13. 소로트 생산으로 되어 있는가. 준비교체의 단축이 추진되고 있는가(싱글준비교체)			
14. 생산의 리드타임은 최대한 짧은가			
15. 납기클레임, 납기불량은 없는가(때때로 납기를 조정해 클레임이 되지 않도록 처리하고 있지 않는가)			
16. 납기나 재고에 관한 관리가 간소하고, 눈으로 보고 알 수 있도록 되어 있는가			
17. 외주관리, 구매처관리도 문제가 없는가(외주품, 구입품이 적시에 필요한 만큼 납입되고, 납기, 품질 등의 문제는 없는가)			
판정 항목수 (스테이지 Ⅲ……13항목 이상 필요) (스테이지 Ⅳ 스텝 9……16항목 이상 필요) (스테이지 Ⅳ 스텝 10……17항목 필요)			

6-10 체크리스트 J(재고의 낭비)의 항목과 해설

1. 생산계획은 필요한 것(팔리는 것)만 만드는 계획으로 되어 있는가

생산 공정에서는 지금까지 언급한 것처럼 여러 가지 낭비가 발생한다. 이들은 결국 재고의 낭비가 되어 나타난다. 낭비가 낭비를 낳은 결과이기 때문이다. 따라서 재고의 낭비가 있다는 것은 생산 전체에 낭비가 있다는 것을 나타낸다. 그런데 생산계획, 생산지시에 관해서는 이미 B-15, 16, 40의 각항, D-1, 2, 5의 각항, E-20항에서 다루었고, 필요한 것만을 만드는 계획, 지시로 되어있다. 계획이나 지시수를 필요수 만큼만 낸다는 것은, 이를 가능하게 하는 공정을 만들어 놓아야 하는데 이에 대해서 지금까지 여러 각도에서 다루어왔다.

여기서 생산계획이나 지시가 정말로 필요수 만으로 되어 있는가. 또 간반으로 생산을 지시하고 있는 경우에는 그 간반의 기능이 발휘되고 있고 제대로 운영되고 있는가에 대해 한 번 더 체크하고 확인해 두기로 하자.

필요한 것만 만들면, 재고는 거의 없게 되어 있다.

● 포인트

① 생산계획, 생산지시 방법과 실태의 재체크

② 간반의 운용실태 재체크

2. 양산품의 예측생산에서 출하의 평준화를 도모하고 있는가

양산품의 평준화에 대해서는, A-3항, C-2항, D-2항에서 언급했다. 하지만, 생산공정에서 여러 가지로 평준화를 고려해도 출하단계에서 크게 빗나가면 생산의 평준화를 계속하기 곤란하게 된다. 따라서 출하시점에서 평준화하는 것이 생산의 평준화를 위해 가장 적합한 환경이 된다. 그런데 출하의 타이밍과 그 양은 상대의 형편, 사고방식에 따라 영향을 받는다. 그래서 항상 평준화 출하가 가능하도록 상대와 끈기 있게 접촉해 나가는 일이 필요하게 된다. 고객이라고 무조건 머리를 조아리기만 할 것이 아니라, 이쪽에서도 제안을 하면서 성실하게 타협을 해나가면 의외로 이해와 협력을 받게 될 수도 있다. 그러기 위해서는 당연히 영업 부문의 적극적인 관여가 필요하다.

포인트

① 출하 평준화를 위한 노력

3. 수주생산품의 재고는 없는가. 있어도 극히 소량인가(원칙적으로 수주 또는 납기순으로 출하를 보고 생산하고 있는가)

수주생산품은 주문을 받아 만들므로 원칙적으로 재고는 없어야 한다. 그런데 어느 시기에 수주가 겹쳐 부하가 걸리게 되는 때와 같은 경우, 로트로 만드는 편이 편리하다든지 효율적이라는 이유로 같은 품번의 물건을 한꺼번에 만들면 재고가 발생하게 된다. 출하에 맞춰 출하 순으로 만들도록 한다. 로트로 만들거나 준비교체를 하기 쉽도록 순번을 바꿔 만들면, 출하에 대응할 수 있도록 해야 하므로 어쩔 수 없이 여유를 갖는 생산태세를 갖춰야 하고, 결국 그만큼 재고의 낭비가 된다.

포인트

① 수주생산품의 재고 극소화를 위한 조치(납기순서로 생산)

4. 간반생산에서는 간반의 발행매수가 필요최소한으로 설정되어 있고 재고는 제한되어 있는가

B-17항에서 간반발행의 룰을 정해 B-19에서 그 재검토관리를 확실하게 하도록 했는데, 간반의 발행매수가 재공품이나 제품의 재고에 크게 영향을 미치므로 항상 필요최소한으로 하도록 노력해야 한다. 정해진 룰을 바탕으로 발행된 간반매수라도 그것이 항상 적절한 것이라고는 할 수 없

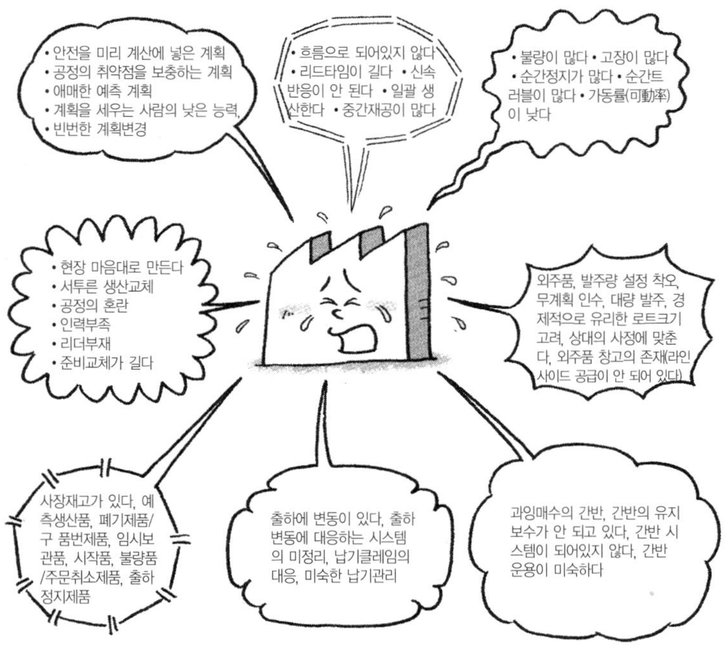

〈산처럼 쌓인 재고 때문에 울고 있다〉

다. 따라서 간반이 회전되는 상황을 항상 관찰하고, 또 '물건'이 쌓이는 상태나 라인의 조업상황을 보고 간반의 매수를 증감해 조정해나갈 필요가 있다. 이때 중요한 점은 어떻게 하면 간반의 발행매수를 적게 할 수 있을까(즉 재고를 적게 할 수 있을까) 하는 관점에서 보는 것이다. 간반이 제대로 돌고 있고 생산이 순조롭다고 생각될 때라도 간반 1매를 빼본다. 그러면, 라인의 상황이 긴박하게 되므로, 여기서 생산을 제대로 원활하게 하도록 하기 위해 개선을 할 니즈가 나타나게 된다. 이런 일을 반복적으로 실시해 서서히 재고를 줄여간다. 아울러 도요타 생산방식에서는, 제대로 잘 돌아가고 있을 때, 의도적으로 간반을 1매 줄인다든지, 인원을 한 명 빼다든지 해서 문제가 나타나게 하여 한 걸음 더 개선을 추진해 가는 방식을 취하고 있다.

5. 완성품재고는 없는가. 또는 있어도 극히 소량인가. 사장재고는 전혀 없는가

J-1, 2, 3, 4의 각항이 정확히 되고 있으면 제품재고는 전혀 없든지, 있더라도 극히 소량이 되어야 한다. 한 번 더 재고의 양을 체크해 많다면 손을 쓰도록 한다. 단, 재고량을 무턱대고 줄이기만 해서는 바로 출하에 대응할 수 없게 되어 원상태로 돌아가게 된다. 재고를 줄이기 위해서는 만드는 방법을 바꿔야만 한다.

지금까지 다루어 온 만드는 방법을 적용하면, 사장재고는 나오지 않게 되어있다. 따라서 현재의 사장재고는 적어도 개선 전부터 쌓여있던 것일 것이다. 이것들이 커다란 낭비를 낳고 있으므로 이번 기회에 처분하도록 하자. 그런데 사장재고를 처분하는 것은 경리상의 손실로 되기 때문에, 그 양이 많으면 많을수록 어려워진다. 여기에는 경영진의 결단이 필요하다. 이런 식으로 제품재고가 없어지면 필연적으로 제품창고는 필요없게 된다. 출하에 맞춰서 만든 분량은 라인 사이드의 제품적치 장소에서 출하하면 된다.

① 제품재고와 창고의 재검토(제품창고의 폐지)

② 사장재고의 처분

6. 외주품에 대해서도 재고는 극히 적은 양으로 되어 있는가

외주처의 형편이나 운반비용이 비싸진다는 이유로, 외주처에서 한꺼번에 대량로트로 구입하는 경우가 자주 있다. 모처럼 공장 내의 물건 만드는 방법을 고생해서 개선해도 외부와의 접점이 되는 곳에서 낭비를 발생시키게 되면 효과도 반감되어 버린다. 간반이나 발주점 관리에 의한 구매나 순서생산에 맞춘 구매를 실시해 필요한 것만 들여오는 연구를 하도록 하자. 이를 위해서는 외주처와 세부적으로 결정하는 의사소통과 지도가 필요하다(G-12항 참조).

① 외주품 재고의 재검토(인수방법의 개선)

7. 고객의 요망에 따라 출하의 일시정지, 보관취급 제품은 스토어나 적치 장소에서 평준화해 임시로 빼내어 통상재고와 구분해 별도 장소에 보관하고 있는가

고객으로부터 한꺼번에 출하해 달라는 요청을 받을 때가 있다. 출하를 지시할 때까지 보관해 달라는 요청도 있다. 이런 때, 라인이 간반으로 평준화생산을 하고 있으면, 출하가 멈춰버리므로 스토어의 '물건'은 인수가 안 되고, 라인으로 간반이 되돌아오지 않아 생산도 멈추게 된다. 이런 일이 미리 예측 가능할 때는 스토어로부터 별도의 장소에 매일 그 날의 생산분만큼 임시로 인출해 두고, 라인으로 그 분량의 간반을 되돌리도록 한다.

이 현상은 때때로 출하가 멈춰진 경우이므로, 공장이나 창고의 일부에 임시적치장소를 만들어 두고 그곳에 임시 수용해 특별품이라는 것을 알 수 있도록 표시해 둔다. 출하되면 임시 적치 장소는 폐지한다. 아울러 이런 현상이 자주 일어난다면 더 이상 특별하다고 할 수 없으므로 상대편과 협의하든지, 생산 체제를 근본적으로 변경해야 한다.

● 포인트

① 출하의 현상조사와 대책

8. 출하가 통상보다 많을 것으로 예상되는 경우에도, 스토어나 적치장소에서 그 만큼 평준화해 임시로 빼내어 통상재고와 구분해 별도 장소에 보관하는 등의 연구가 되어 있는가

수주예상이 월초나 월말로 편중되어 그 때만 보통 때보다 많아지는 경우가 있다. 이런 때는 필요한 때에 필요한 만큼 만든다고 해서, 그 때에만 집중해서 만들고 다른 날에는 놀고 있을 수는 없다. 그래서 생산공정에서는 이와 같은 때에도 매일 평준화해서 만들 수 있도록 수주량이 많은 부분을 앞당겨서 매일의 생산량을 평균화해 생산하도록 한다. 그리고 수주량의 많은 부분에 해당되는 분량은 매일 스토어에서 빼내어 별도의 장소에 구분해서 보관해두고, 출하 지정일에 지정량만큼 출하하는 방법을 택한다(D-4항 참조).

① 평준화생산을 하고 있을 때, 어떤 사정으로 평준화를 할 수 없게 되는 경우는 없는가. 그럴 때 어떻게 하고 있는지를 조사, 개선

9. 자재는 라인 사이드 공급이 되고 있는가. 재료창고, 부품창고, 자재창고 등은 없앴는가

부품이나 자재를 라인 사이드에 공급하는 일은 B-6항에서 다루었다. 라인 사이드에 직접 가지고 가므로 창고는 필요 없게 된다.

① 재료, 부품, 자재창고의 재검토, 폐지(다음 항과 함께 검토할 것)

10. 자재 등의 구매품에 대해서도 필요한 때에 필요한 만큼만 수입하고 있지 않은가(간반 또는 발주점 관리에 의한 구입)

전항에서 자재의 라인 사이드 공급을 재체크하고 창고의 폐지를 조치했다. 그러나 라인 사이드 공급이라고 해도 그 양이 많으면 다 놓아둘 수가 없게 된다. 그래서 간반이나 발주점 관리를 활용해 필요한 것만 받아들이도록 한다. 이 수법을 적용했으면 그 작용을 충분히 다하고 있는지에 대해 현장에서 그 운용상황을 관찰하고, 항상 가능한 한 적은 양으로 유지될 수 있도록 해야 한다.

11. 떨어져 있는 공정 간에서는 후공정인수생산으로 되어있고 그 사이의 재공품은 간반에서 설정된 수량만으로 되어 있는가

어느 정도 떨어진 공정이나 설비로 구성되어 있는 라인에서는, 최종 공정의 스토어에서 출하되면, 그 양만큼의 간반을 떼어내고 그 간반이 최종 공정의 생산지시(타이밍)가 된다. 최종 공정에서 지시생산을 하고 있는 경우에는, 생산지시가 나왔을 때가 생산의 타이밍이 된다. 이 경우에도 최종 공정 이전의 공정은 간반에 의한 생산이 된다(A-15항 참조).

여기서 최종 공정에 생산지시가 나오면 그 전공정의 스토어로부터 물건을 빼내서 생산하게 된다. 물건이 빠진 공정은 그것을 보충하기 위해 다시 그 전공정의 스토어로부터 물건을 가지고 와서 제조하고 스토어에 놓아둔다. 이와 같이 해 순차적으로 전공정으로 간반생산의 사이클이 전달되어 간다(B-15항 참조).

이와 같이 간반을 이용하면, 간반의 매수에 의해 재공수를 억제할 수 있다. 따라서 간반매수를 적게 하면 재공품도 적어지므로 간반매수를 가급적 적게 할 필요가 있다(B-13, 14, 17, 19의 각항, D-4항 참조).

12. 어쩔 수 없이 지시생산을 하고 있는 라인에서는 중간재고가 나오지 않도록 고려해 지시수를 정하고 있는가

간반생산에서는 간반의 발행매수를 조정함으로써 재공품의 양을 규제할 수 있다. 그런데 간반생산을 어떤 이유로 당장 실시할 수 없는 라인에서는 어쩔 수 없이 각 공정에 지시를 내린다. 이 때 앞뒤 설비의 가공속도가 다르거나, 한 개당 가공공수가 달라 동기화가 안 되거나, 품번이 달라 가공조건이나 속도가 달라지는 등의 문제가 생긴다. 또 지시생산은 제품번호에 따라 생산로트의 크기가 달라지는 경우가 많다. 이 때문에 공정간의 재공품이 많아지거나 거꾸로 전혀 없어지거나 하는 현상이 일어나는 경우가 있다. 이를 우려해 일반적으로는 여유를 지닌 생산지시를 내리는데, 그만큼 공정의 재공품이 많아진다. 그래서 지시를 내릴 때는 각각의 공정의 설비능력, 가공능력, 공정능력이나 품번마다의 가공속도, 가공공수, 수주량, 가공로트의 크기 등 여러 가지 요소를 고려해 신중하게 내야만 한다. 여기에는 인력과 상당한 공수가 들어간다. 따라서 간반생산이 가능하도록 될 수 있는대로 제반조건이나 환경을 정비할 필요가 있다. 이렇게 해야 재공품이 적고, 신속한 흐름을 유지하며, 변화에 대응할 수 있는 라인으로 할 수 있게 된다(A−11항 참조).

● 포인트

① 지시생산 라인의 각 공정에 대한 지시방법의 조사와 재검토

13. 소로트생산으로 되어 있는가, 준비교체의 단축이 추진되고 있는가(싱글준비교체)

소로트화에 대해서는 준비교체의 단축화가 열쇠가 된다. 이미 준비교체에 대해서는 A-12항, D-12항, H-11항에서 언급했다. 싱글준비교체를 목표로 하자.

14. 생산의 리드타임은 최대한 짧은가

본 방식에서는 정류화(整流化)해 가급적 세밀한 몇 개의 흐름 라인으로 재조정하고 있다(A-1항 참조). 세밀한 흐름 라인에서는 원칙적으로 한 개 흘리기가 되지만, 로트생산공정에서는 될 수 있는 대로 작은 로트로 한다. 이렇게 함으로써, 이 라인의 흐름은 빨라지고, 리드타임은 종래와 비교가 안 될 정도로 짧아진다. 언제나 필요한 때에, 필요한 것을, 필요한 만큼 만들 수 있는 라인으로 바꿔간다. 궁극적으로는 라인 각 공정의 한 개당 가공시간의 총계가 그 라인의 리드타임이 된다. 그렇게 되면 이상적인 상태가 된다. 이 이상적인 상태에 가장 근접하기 위해 끊임없이 활동하는 것이 본 방식의 진수라고 할 수 있다.

15. 납기클레임, 납기불량은 없는가(때때로 납기를 조정해 클레임이 되지 않도록 처리하고 있지 않는가)

지금까지 다루어 온 개선활동이 되고 있다면 납기에 관한 문제는 전혀 없어야 한다. 아직 남아있다면 지금까지 취해 온 방법에 문제가 있다는 뜻이다. 여기서 한 번 더 납기클레임이나 납기불량의 실태조사를 해 우선 그에 대한 대책을 강구하도록 한다. 아울러 표면적으로는 납기불량이 아니지만 납입처나 현장과 조정해 생산의 체제를 바꿨다든지, 납기를 변경하거나 해, 납기불량으로 나타나지 않도록 하고 있는 일도 많을 것으로 생각되므로, 그 실태조사를 하도록 한다. 그리고 왜 아직 그런 일이 일어나고 있는지, 납기불량이 왜 없어지지 않는지에 대해, 본질적인 문제는 어디에 있는지를 해명하고 이를 해결하도록 하자.

> ● 포인트
>
> ① 납기클레임, 납기불량의 대책
>
> ② 숨어있는 납기불량의 발굴
>
> ③ 이들의 본질적인 문제의 해명

16. 납기나 재고에 관한 관리가 간소하고, 눈으로 보고 알 수 있도록 되어 있는가

본 방식의 관리 기본은 현장에 있다. 눈으로 보는 관리가 기본이다. 이상이란 무엇인가를 정하고, 이상일 때에 조치를 취하도록 한다. 정상일 때는 아무것도 하지 않아도 되게 한다. 따라서 이상에 의한 관리라고 하는 것이다(체크리스트 B 참조).

이런 상황이 되어 있으면 생산관리 전반이 극히 심플하게 되고, 누가 보더라도 알 수 있도록 된다. 따라서 이를 위한 관리요원은 필요 없고 현장에서 관리할 수 있는 이상적인 모습으로 되게 된다. 지금까지 개선을 추진해 얼마나 이에 근접하게 되었는가? 리드타임은 짧아지고 재고도 극단적으로 적어졌으며, 납기에 관한 문제도 아주 줄어들어 있을 것이다. 납기, 재고에 관한 관리의 시스템도 눈으로 보고 알 수 있도록 간소해져 확실하게 관리되며, 그 결과로 재고는 극단적으로 감소하고, 납기불량이 전혀 보이지 않게 되었는가.

● 포인트

① 납기, 재고관리의 재검토

17. 외주관리, 구매처관리도 문제가 없는가(외주품, 구입품이 적시에 필요한 만큼 납입되고, 납기, 품질 등의 문제는 없는가)

외주처나 구입처에 대한 관리, 지도 등은 사내처럼 되지 않을 수도 있다. 그런데 사내의 슬림화를 추진하면, 그에 비례해 외부의 나쁜 영향을 받기 쉬워진다. 본 방식을 성공시키기 위해서는, 모든 부분이 제대로 맞물려 돌아가야만 한다. 그만큼 외주, 구매처의 문제 해결도 게을리 해서는 안 된다(J-6항 참조).

● 포인트

① 외주 구매처의 관리, 지도 재검토

부록
도요타 생산방식의 개요

1. 도요타 생산방식이란?

1-1 **도요타 생산방식**

　지금까지 도요타 생산방식에 관해 수많은 서적들이 간행되어 있다. 이 책에서는 약간 취향을 달리해 독자적인 체크리스트를 활용하는 구체적인 전개방법을 중심으로 언급했지만, 도요타 생산방식의 기본은 준수하고 있다. 단지 그 기본의 체계적인 설명은 이 책에서 다루지 않았으므로, 초보자나 도요타 생산방식의 전체내용을 한 번 더 보고자 하는 사람을 위해 여기에 그 개요를 싣는다(이는 필자가 평소에 사용하는 개요로서, 기업의 지도에 활용하던 것을 수정해 추가한 것이다).

　그렇다면 도요타 생산방식이란 무엇일까? 이는 다음과 같이 요약할 수 있다.

① 도요타 생산방식이란, 도요타자동차가 독자적으로 만들어 낸 물건 만드는 방법(생산방식)의 총칭이다.

② 도요타 생산방식의 내용에 대해서는 극히 간소한 구도지만 〈그림 1〉 에 나타낸다.

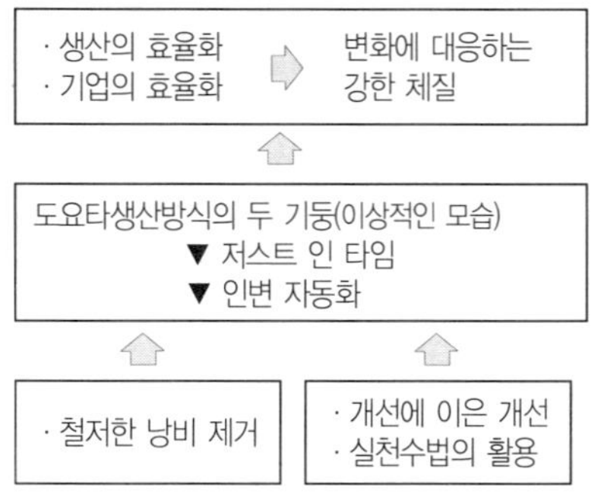

[그림 1] 도요타생산방식의 구도

③ 도요타 생산방식의 활동은 이상적인 모습을 끝없이 계속 추구해 가
　는 것이다.

 도요타 생산방식의 네 가지 키워드

〈그림 1〉의 도요타 생산방식의 구도에서 네 가지 키워드가 보이는데, 이
는 다음과 같다.

① 저스트 인 타임

② 인변 자동화

③ 낭비

④ 개선

이들은 모두 매스컴 등에서 도요타에 대해 거론할 때, '간반', '평준화'
와 함께 자주 등장한다. 이 가운데 중심이 되는 것이 '저스트 인 타임'과
'인변 자동화'로, 두 기둥이라고 한다. 이 두 가지는 도요타 생산방식(도
요타식 물건만들기)의 이상적인 모습을 나타내고 있다.

도요타 생산방식의 활동은 이 이상을 향해 끊임없이 추구해 나가는 것
인데, 이 때 지탱하고 있는 것이 '낭비의 철저한 배제' 사상과 멈추지 않
는 개선의 추진이다. '지혜는 무한, 개선은 영원' 하다고 한다. 즉, '낭비'
와 '개선'은 도요타 생산방식을 추진해 가는 사고방식과 실천 자세를 나
타낸다고 할 수 있다.

도요타 생산방식에서는 여러 가지 독특한 표현으로 나타내는 사고방식
과 수법이 있는데, 그것들은 이 지혜에서 파생된 수단적인 것에 지나지 않
는다고 해도 과언이 아닐 것이다.

2. 저스트 인 타임과 인변 자동화

저스트 인 타임(Just In Time)이란, 필요한 것을 필요한 때에 필요한 만큼 만들어 공급할 수 있도록 하는 것이다. 이를 위해서는 평준화생산이 전제가 된다. 거기에는 평준화생산이 가능한 체제를 구축해 놓아야만 한다. 평준화란, 생산하는 양과 종류를 평균화하는 것이다. 도요타 생산방식에서는 이 평균화 위에 '공정을 흐름으로 한다', '필요수에 의해 택트타임(TT)을 정한다', '후공정인수로 한다' 는 세 원칙을 갖추었을 때, 그 공정의 저스트 인 타임이 성립된다고 한다. 이 세 원칙은 도요타 생산방식에서 공정을 짜나가는 데 가장 특징적이고 가장 기본적인 공정의 모습이다.

(1) 공정을 흐름으로 한다

공정을 흐름으로 한다는 것은 다음 요건이 갖춰졌을 때를 가리킨다. 따라서 흐름공정을 만들어 갈 때는 이 순서를 따라하면 좋을 것이다.

① 공정 순으로 설비를 배열한다.

② 한 개씩 물건을 흘린다.

③ 동기화시킨다.

④ 라인은 다공정담당으로 한다.

⑤ 작업자를 다기능공화한다.

⑥ 서서하는 작업으로 한다.

(2) 택트타임(TT)을 정한다

그런데 택트타임은 저스트 인 타임을 실현하기 위해 아주 중요한 사고방식이다. 택트타임이란 한 개당, 어느 정도 속도로 만들어 가는가를 정하는 것으로 지금까지와는 없었던 도요타 생산방식의 독창적인 것이다. 그 값은 다음 식으로 계산된다.

$$\text{택트타임} = \frac{\text{일일가동시간(정시)}}{\text{일일 필요수}}$$

여기서 말하는 정시(定時)란, 잔업시간을 포함하지 않는 통상의 당일 작업시간을 말한다. 또 '일일 필요수' 란 1개월의 생산량을 일수로 나눈 것이다. 비슷한 용어에 사이클타임이 있다. 이전에는 사이클타임과 택트타임이 혼동되었지만, 현재 사이클타임은 최적의 상태에 있는 사람과 기계의 조합으로 1개당 소요작업시간을 의미하게 되었다. 즉, 택트타임과는 관계 없이 최적 소요시간을 나타낸다. 소요시간의 평균을 사이클타임으로 하는 것을 볼 수 있는데 이는 틀린 것이다.

(3) 후공정인수로 한다.

후공정인수에서는 생산지시를 라인의 선두에 내리는 것이 아니라 최종 공정에 내려서, 그 직전의 공정은 최종 공정이 빼간 양만큼 만들어 가도록 한다. 아울러 그 앞의 공정은 다음 공정이 가져간 만큼 만든다. 이 연결고리를 선두 공정까지 이어가 전체 공정의 지시로 하는 시스템을 의미한다. 이때, 각 공정의 뒤에 '스토어' 라고 불리는 품종별 물건의 적치장소를 설치하고, 그곳에서 가져가도록 한다. 그때, '간반' 이라고 불리는 카드를 도구로 이용한다. 이 '간반' 은 유명해져서, 지금은 세계 각 국의 현장에서 사용되는 국제어가 되었을 정도다. 후공정인수 생산은 후보충 생산이라고도 한다.

　인변 자동화(自働化)란, 생산라인에 이상이 발생했을 때 자동적으로 라인이 멈추는 시스템을 말한다. 일반적으로 사용되고 있는 자동화(自動化)와 구별하기 위해, '働'이라는 문자를 사용해 차이를 표시하고 있다. 동(動)자에 사람인(亻)변이 붙어서 '인변 자동화'라고 한다.

　그렇다면 자동화(自動化)와 인변 자동화(自働化)의 차이는 무엇인가. 그것은 문제나 불량이 발생했을 경우, 사람이 조치하지 않는 한 언제까지고 그 상태가 지속되는 것이 자동화(自動化)고, 이상이 발생하면 생산을 멈추는 것이 인변 자동화다. 자동화(自動化)는 이상 발견이 늦어지는 데 대해 인변 자동화는 이상시 멈춘다는 점이 커다란 차이점이다. 자동화(自動化)에서는 한 번 이상이 발생하면 그 상태가 계속되기 때문에 '감시인'이 필요하지만, 설비가 자동정지되는 인변 자동화에는 당연히 '감시인' 따위가 존재하지 않는다.

　인변 자동화에는 '또 하나의 자동화(自動化)'라고 불리는 도요타 생산방식 특유의 방법이 있다. 그것은 인변 자동화의 생각과 방법을 수동라인에 적용한 것으로 이상이 발생하면, 작업자가 그 자리에서 라인을 멈추고 책임자 등을 호출하는 것이다.

　인변 자동화를 함으로써,

　① 이상에 의한 관리가 가능하다. 작업자는 기계를 떠나 다른 일을 할 수 있다.

　② 이상을 실시간으로 파악할 수 있고, 바로 조치할 수 있다.

　③ 멈추면 곤란하므로, 멈추지 않는 라인으로 개선하게 된다.

　등과 같은 이점을 얻을 수 있다.

3. 낭비와 개선

 도요타 생산방식에서 말하는 낭비

도요타 생산방식에서 개선의 착안점은, '낭비' 란 한 단어로 집약된다. 따라서 '낭비를 철저히 배제한다' 를 소리높여 주장한다. 이상적인 생산은, 사람·기계·재료의 낭비없이 부가가치를 높이는 작용만을 하도록 하는 것이다. 따라서 낭비는, 원가만을 높이는 생산의 요인이라고 할 수 있다. 일은 진働일(働 : 일한다)과 지금은 필요한 일(動 : 움직인다)로 구성되어 있는데, 작업에는 그 필요한 일뿐만이 아니라 의미에 맞지 않는 낭비가 추가되어 있다. 바꿔 말하면, 낭비의 양과 반비례해 부가가치가 내려가는 셈이다. 그만큼 낭비를 없애고 노동밀도를 높여야만 한다.

노동밀도는 아래 식으로 나타낸다.

$$\text{노동밀도} = \frac{\text{노동(勞働)}}{\text{노동(勞動)}}$$

도요타 생산방식에서는 생산의 낭비로서 아래의 일곱 가지 항목을 들고 있다. 본문에서 체크리스트의 형태로 다루었으므로, 여기서는 상세한 설명은 생략한다.

① 과잉생산의 낭비

② 불량품을 만드는 낭비

③ 대기의 낭비

④ 운반의 낭비

⑤ 가공 자체의 낭비

⑥ 동작의 낭비

⑦ 재고의 낭비

도요타 생산방식에서 말하는 낭비 가운데 가장 특징적인 것은 '과잉생산의 낭비' 다. 생산공장에서는 지금도 '많이 만들어서 왜 나쁘다는 것인가' 라는 소리가 나온다. 하지만 이를 가장 나쁜 낭비로 보아 철저하게 배제하려고 하고 있다. 과잉생산은, 물건이 증가해 재고가 쌓이는데, 그보다 사람 · 설비 · 관리 등 생산 전체가 과잉으로 소요되어 커다란 낭비가 되기 때문이다. 과잉생산의 낭비는 다른 낭비를 감춰버린다. 물론 그 이외의 낭비도 또다른 낭비를 초래하므로 배제해야 한다는 것은 주지하는 바와 같다.

3-2 도요타 생산방식의 개선

도요타 생산방식에서 '개선' 이라는 말은 상징적이다. 지금은 전 세계에 퍼져 '가이젠' 이라는 국제어로 자리 잡았다. 이 도요타에서 개선의 사고방식은 다음과 같다.

(1) 개선은 합리화의 여신이다.

　개선하고자 하는 의지가 중요하며, 지혜는 무한하고, 개선은 영원하다.

(2) 작업개선을 하고 나서 설비개선으로 옮긴다. 작업개선에서는 IE수법을 활용한다. 특히 동작경제의 원칙을 몸에 익힌다.

(3) 물건 만드는 방법(생산시스템)의 개선이 주요한 영역이 된다. 물건 만드는 방법의 기본은 흐름 생산이다. 리드타임을 극소화한다.

(4) 현장을 철저하게 관찰한다. 현장에 서서, 보고, 문제점을 찾아내어, 개선한다. 추측이나 선입견을 배제한다.

(5) 개선은 결과가 중요하다.

개선은 반드시 니즈를 바탕으로 실시하는 것이 중요하다. 니즈이므로 반드시 실현시키는 것이 필요하다.

개선의 현장에서는 개선의 구체적인 기법을 요구하는 목소리가 높다. 그런데 '시스템'의 개선에서는 독자적인 수법이나 사고방식이 많이 보이지만, 개개의 개선에서는 IE수법을 빌리는 일이 많고 그 외의 관리기법을 사용하는 경우도 있다. 여러 가지 방법을 그 상황에 맞춰 사용하고 있다. 한마디로 생산이라고 해도 그 형태, 종류, 입지 등이 공장마다 다르다. 따라서 도요타 생산방식의 개선은 현장에 서서, 보고, 찾아내서 고친다고 하는 방식으로 자기가 찾아내고, 자신이 생각해서, 스스로 실시하는 방식이 원칙이다. 여러 가지 상황에서 독특한 수법도 없는 것은 아니나 대개의 경우 스스로 생각해 낸다.

도요타 생산방식의 개선에서 이것도 특징이라고 할 만한 사고방식으로, '외관상의 능률과 진짜 능률'을 들 수 있다. 도요타 생산방식에서는 외관상의 능률보다도 진짜 능률(효율)을 추구한다. 능률은 다음 식에서 알 수 있듯이 100%를 넘을 수도 있고, 생산성의 척도의 하나라고도 할 수 있다. 이에 대해, 효율은 100%를 넘을 수 없다. 개선에 따라 '움직임(動)'을 없애고, 이상적인 모습인 '일(働)'을 100%에 가깝게 만들어 가는 데 있다. 각각 아래 식에서 구한다.

$$능률 = \frac{현재\ 생산성 \times 100}{기준생산성}$$

$$효율 = \frac{일(働) \times 100}{일(働) + 움직임\ (動)}$$

외관상의 능률과 진짜 능률은 어디가 다를까. 이를 생각하기 위한 문제를 하나 제시한다. 예를 들어, 현재 10명이 100개를 생산하고 있다고 하자. 개선을 거듭해 10명이 120개를 생산할 수 있게 된 경우와 8명이 100개 생산할 수 있게 된 경우가 있다고 하자. 어느 쪽이 진짜 능률인가. 답은 후자다. 진짜 능률이란, 필요이상으로 수치를 올리는 것이 아니기 때문이다. 개개의 능률을 올려도 의미는 없다. 개선을 고려할 경우, 전체의 능률을 올리는 것을 목표로 해야 한다.

효율을 고려할 때, 중시해야만 하는 것은 가동률(稼働率)과 가동률(可動率)이다. 본문에서도 다루었기 때문에 여기서는 간단히 설명하기로 하자.

가동률(稼働率)이란, 그 설비능력에 대한 생산실적을 말하며, 다른 가동률(可動率)은 설비를 움직이고자 할 때 언제라도 움직일 수 있는 상태를 나타낸다. 그래서 100%를 넘는 경우는 없다.

4. 도요타 생산방식의 추진방법

도요타 생산방식에서 공정을 만들 때는, 단계를 밟아 추진하는 것이 효율적이며 효과적이다. 그 단계는 다음과 같다.

① 라인을 만든다.

② 눈으로 보고 알 수 있게 한다.

③ 이상을 알 수 있고, 이상이 생기면 멈추는 라인으로 한다.

④ 표준작업을 정해 개선을 추진한다.

4-1 흐름 라인을 만든다

우선 현 라인을 정류화(整流化)해 몇 개의 흐름라인으로 한다. 정류화(整流化)란, 각 라인을 각각 1개의 직통라인으로 정리하는 것이다. 이 때 복잡한 흐름(난류)으로 되어 있는 공장에서는, 먼저 난류에서 혼류(混流, 흐름이 교차하거나, 합치거나, 갈라지거나 해 여러 종류의 품목이 흐르고 있는 라인)로 한다. 그 후, 혼류에서 직류(다른 라인과 교체하지 않는 직통 라인)로 교체해 가면 하기 쉬운 경우가 있다.

정류화에서 설비의 레이아웃을 생각할 때,

① 물건의 흐름

② 사람의 흐름

③ 정보의 흐름

등의 흐름에 주의한다.

도요타 생산방식에서는, 레이아웃을 고려할 때 흐름에 집중하면서,

① 기능적인 배치로 한다(다공정담당이나 여러 대 담당이 가능하다. 표준작업으로 돌리기 쉽다. 설비보전이 쉽다 등).

② U라인, 원형 라인이 되도록 연구한다.

③ 사람이 내측에 들어가도록 하고, 컴팩트한 라인으로 한다.

등의 사고방식을 집어넣음으로써 보다 효율적인 라인을 지향한다.

4-2 눈으로 보고 알 수 있도록 한다

본문에서도 언급했지만 눈으로 보고 알 수 있도록 하기 위해서, 도요타 생산방식에서 다양한 생각과 방법을 제시하고 있다. 그 중 '주소' 와 '간반', '운반방식' 은 특히 독창적인 것이다.

(1) 주소

주소란 공장 내의 장소를 표시하는 방법을 정해 누구나 알 수 있도록 한 것으로, 동일 공장 내는 동일 기준으로 정한다.

(2) 간반

도요타 생산방식에서 '간반' 은 필수불가결한 도구다. 하지만, 충분한 인식이 되어있지 않다는 사실을 자주 보게 된다. 여기서 한 번 더 '간반' 에 대해 조금 깊이있게 되짚어 보기로 하자.

간반은 반드시 현물과 함께 움직이는 것이 원칙이다. 그에 따라 현장관리의 도구로서 역할을 발휘하는 한편, 작업지시의 정보를 전하게 된다. 간반을 올바로 운용함으로써, 표준작업의 작업 상황을 비롯해, 자기공정의 능력, 자기공정의 재고 상황, 자기공정 인원배치의 적합성, 후공정의 작업 진척상황, 후공정의 긴급도(자기공정의 작업우선 순위) 등을 파악할 수 있게 된다.

간반은 단지 회전시키기만 하면 되는 것은 아니다. 역시 룰을 지키지 않으면 효과를 충분히 발휘할 수 없다. 그 룰이란,

① 불량품은 후공정으로 보내지 않는다.

② 후공정이 가지러 온다.

③ 후공정이 가져간 만큼 생산한다.

④ 생산을 평균화한다(평준화생산).

⑤ 간반은 미세조정의 수단이다.

⑥ 공정을 안정화, 합리화한다(표준작업에 의한 개선).

의 여섯 가지다.

간반에는, 그 역할을 기준으로 그림 2와 같은 종류가 있는데, 크게 나누어 '생산지시간반' 과 '인수간반' 이다.

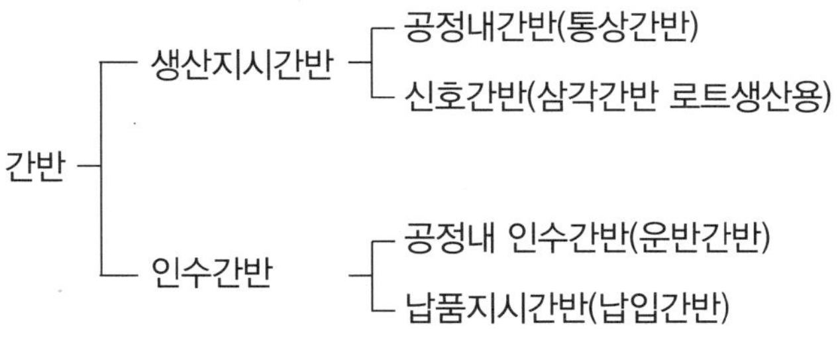

[그림2] 간반의 종류

간반을 제대로 운용하는 데는, 다음과 같이 그 취급에 주의하고, 연구를 해야 한다.

① 간반은 여러번에 나누어 돌린다.

② 간반은 원칙적으로 생산지시간반과 인수간반의 양쪽을 사용한다. 생산지시간반과 인수간반의 공용은 피한다.

③ 간반매수는 필요최소한으로 유지한다(매수를 정하는 방법은 생략한다).

④ 특정 조건하에서는 어쩔 수 없이 특례적인 간반을 사용하는 경우가 있다. 예를 들면 다음과 같은 경우다.

- 임시간반 – 한 번만 사용하고 회수한다.
- 끼어넣기간반 – 양이 극히 적은 것 등에 사용한다.
- 터널간반 – 세 공정 이상을 1매의 간반으로 돈다.
- 대차간반 – 대차나 상자를 간반으로 사용한다.

⑤ 간반의 적치장소나 간반포스트를 설치한다.

⑥ 긴급용의 적색포스트를 만들어 둔다.

⑦ 항상 생산량에 맞춰 매수를 조정한다.

(3) 운반방식

도요타 생산방식이 낳은 운반 방법을 '운반방식' 이라고 한다. 물론, 라인의 효율화를 지원하기 위해 고안된 것인데, 눈으로 보고 알 수 있다는 점을 중시하는 특징이 있다. 예를 들면 이어타기방식, 다회납입방식, 라인사이드반입, 물방개방식 등이 있는데 이 운반방식의 특징은 아래와 같다.

① 물건은 항상 간반과 함께 움직인다.

② 잘게 여러 번 나누어 운반한다.

③ 소용량화한다.

④ 부정시정량 운반이 된다(납입 등 원거리간일 때는 정시부정량이 된다).

⑤ 혼재해, 여러 가지 물건을 조금씩 운반한다.

도요타 생산방식에서는 운반에 대해서는 운반책임자를 정하도록 하고 있다. 그렇게 하지 않으면 라인작업자가 운반하게 되어 택트타임을 지키지 못하게 되고 라인의 생산성을 저해하기 때문이다.

4-3 / 이상을 판단하고, 이상시 멈추는 라인으로 한다

이상시 멈춘다는 것은 거꾸로 멈추지 않는 라인을 목표로 하고 있다는 것을 의미한다. 이를 위해서는 아래의 세 항목이 필요하다(인변 자동화의 설명에 대해서는 2-2를 참조).

① 라인 문제를 정비, 해결한다(고장, 불량, 순간트러블, 순간정지 대책).

② 표준작업화를 추진해, 표준에서 벗어나면 멈추도록 개선한다.

③ 라인의 자동화(인변 자동화, 이상정지)를 추진한다. 개선을 꾀한다.

그 외에도 이상을 판단하는 도구를 제작하도록 연구한다. 몇 가지를 생각할 수 있는데, 표준작업표나 풀 프루프, 안돈, 호출등, 간반, 생산관리판, 페이스메이커, 식별표식 등이 유효하다.

표준작업이란 사람의 움직임을 중심으로 해 일을 집약하고, 낭비없는 순서로 가장 효율적인 생산을 하는 방법을 말한다. 그 목표는 만드는 방법의 룰을 명확하게 하는 것과 개선의 도구로 하는 것이다. '목표가 없는 곳에 개선없다'고 하는데 표준작업을 기준으로 하여 작업의 간편함과 곤란함 등을 찾아내서 개선을 추진해 갈 수 있다.

도요타 생산방식에서 말하는 표준작업에는 세 요소가 있는데,

① 택트타임

② 작업순서

③ 표준재공

을 들 수 있다. 이 가운데 어느 것 하나라도 빠지면 표준작업은 성립되지 않는다.

표준작업을 만들기 위해서는 '공정별능력표', '표준작업조합표', '표준작업표'가 있는데 이를 3점 Set라고 한다.

표준작업에 의한 개선 추진은 우선 흐름공정으로 하는 작업으로 하고, 그 때의 사이클 타임으로 표준작업을 만들어 간다. 이 표준작업을 '表'준작업이라고 한다. 그 후는 문제점을 찾으면서 개선을 해나가고 표준작업화하며, 이 사이클을 돌려, 〈그림 3〉과 같이 개선을 추진해 간다.

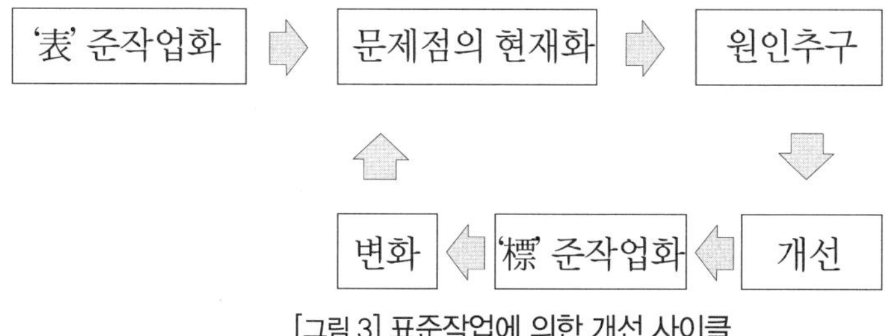

[그림 3] 표준작업에 의한 개선 사이클

5. 도요타 생산방식의 실천에 임하여

 기본적인 사고

도요타 생산방식을 추진하는 기본적인 사고방식은 이에 관련한 사람들에게는 본질적인 것이므로 여기에 언급해 두기로 한다.

⑴ 경영에 직결되는 전사활동으로 한다.

기업경영 안에 자리매김해 추진한다. 단순한 현장개선활동과는 다르다.

⑵ 과학적인 태도가 중요하다.

데이터도 중요하지만, 사실을 가장 중시한다. 현장, 현물, 현실의 3현주의와 진인(眞因)을 추구(왜를 5회 반복한다)하는 입장을 취한다.

⑶ 실천적인 활동이다.

이상으로 하는 모습을 정하고 그 달성을 위해 끝없이 추구하며 단계적으로 추진해 가는데, 목표는 높게 두고 실시한 결과를 체크해 목표에 대해 어떠했는지를 반성하며 추진한다.

⑷ 경제성이 판단기준이 된다.

판단이 곤란한 때는, 어느 쪽이 득인지로 정한다. 그 경우, 진정한 의미에서의 경제성이 중요하다. 예를 들면, 설비의 가동률은 가동하기만 하면 좋은 것이 아니라 생산 필요 수에 따라 정한다.

⑸ 현장의 위치를 명확하게 한다.

실천하는 데 있어 주인공은 현장이며, 현장의 자율작용을 중시한다.

⑹ 변화에 대한 대응을 중시한다.

경직된 사고를 피한다. 경우에 따라서는 유연하게 대응한다. 이와 같은 직장을 자율신경이 있는 직장이라고 한다.

 관리자 · 감독자의 마음가짐

개선을 추진하는 키맨(Key Man)인 관리자 및 감독자의 마음가짐에 대
해서도 언급해 둔다.

(1) 관리자 · 감독자의 의식개혁이 필요하다.

고정관념을 타파한다. 관계나 관행에 집착하지 않고, 종래의 방법이
나 생각을 바꾼다.

(2) 기본을 따른다.

항상 원리, 원칙에 충실할 것. 아는 척을 해서는 안 된다. 룰을 알고,
룰을 지키도록 한다.

(3) 철저하게 실천한다는 강한 신념을 갖는다.

물러서지 않겠다는 결의로 피나는 노력을 한다.

(4)개선은 바로 실천한다.

이론보다는 실천이다. 안 된다, 못한다는 이유를 대지 않는다. 개선
은 관리감독자의 일이다.

(5) 문제점을 발굴한다.

항상 현장에 서서 문제점을 찾아내 고쳐간다.

(6) 작업자를 육성하고 훈련한다.

정확하게 표준화하고 이를 지킬 수 있도록 체크, 지도한다. 작업이
나 기술에 편차가 없도록 해나간다.

맺음말

　도요타 생산방식을 추진하면서, 각 지도자에 따라 방법이나 추진방식이 다르다보니 지도를 받는 입장에서도 어떻게 추진해야 할지, 어떤 결과가 나올지, 어느 정도 시간이 걸릴지 등에 대해 한동안 전혀 알 수 없다는 이야기를 종종 듣는다. 본 방식에서는 스텝식으로 순서를 정하고 체크리스트로 정리할 수 있는 개선항목도 그 건수까지 제시하고 있으므로, 대체적인 실시량을 파악해 계획적으로 추진할 수 있도록 하였다. 게다가 개선을 시작하기 전에 개선에 임하는 사람들 자신이, 자신들의 공장, 공정의 '바라는 모습'을 만들어 내고, 그것을 향해 진행하는 방식을 취하므로, 바라는 목표를 공유할 수 있다.

　말하자면 이 책은 매뉴얼이다. 방법과 그 내용이 제시되어 있으므로 실천하기만 하면 된다. 그런데 이 '실천한다는 것'이 사실 어려운 부분이다. 도요타 생산방식은 이상적인 모습, 바라는 모습을 추구하는 것이므로, 이를 위해 필요한 것은 모두 해내야만 목표를 달성할 수 있다. 그래서 개선은 생각만으로 하는 것이 아니라 반드시 니즈를 바탕으로 해야 한다. 따라서 개선하는 항목이 크든 작든, 어렵든 쉽든, 바로 할 수 있든 시간이 걸리든 그 어느 것도 일체 관계없다. 필요하기 때문에 모두 해야만 한다. 개선을 하는 데, "할 수 있는 것부터 하라"든지 "돈이 들지 않는 것부터 하라"고 자주 듣는데, 도요타 생산방식에서는 이런 사고방식으로 하지 않는다. 물론, 돈 들지 않는 개선을 제창하고 있지만, 그것은 돈을 들이지 않도록 궁리를 하라는 것이다.

　또한 개선을 지도하는 사람이 "어쨌든 해보라, 안되면 다시 원위치하면 된다"는 말을 자주 하는데, 도요타 생산방식에서는 이런 말도 성립되지 않는다. 반드시 달성해야만 한다. 반드시 실적을 올려야만 한다. 오노 다이이치(大野耐一)는 『도요타 생산시스템』의 서문에서 '언제까지나, 어디까지나, 끊임없이 꾸준히' 라고 쓰고 있다. 아울러, 니즈를 바탕으로 하지 않는 개선은, '개선놀이', '시간 때우기' 라고 하며, 그 결과는 보기에는 그럴싸할지 몰라도 오히려 원가만을 높이기 십상이다.

[그림] 세 가지 영역

이 책에서는 지금까지 반복해서 언급한 것처럼, 방법을 공통화해 추진해 나가는 코스를 다루었는데, 실시항목에는 하기 쉬운 것도 있고 하기 어려운 것도 섞여있다. 간혹 "우리 실정에 맞지 않아", "우리는 못해", "현실적이지 않아", "그렇게 까지 안 해도 되는데" 라고 하면서 좀처럼 하려고 하지 않는 경우가 다소 있다. 그러나 이를 반드시 해내지 않으면 성공하지 못한다. 이를 해내기 위해서는, 사람과 조직의 체제를 정비해 둘 필요가 있다는 것을 강조하고자 한다. 도요타 생산방식을 소개하는 많은 서적에서 톱 다운의 필요성을 역설하는 것도 이 때문이다.

이 책에서는 도요타 생산방식은 다른 관리기법과 비교해, 극히 간단하며 이 이야기를 들은 사람은 그 사람 나름대로 이해할 수 있다고 했다. 하지만 간단하면서도 진행해 갈수록 점점 이해하기 어려워지는 것은, 기본

사상과 실천프로세스와 행동이념이 뒤섞여있어 확실한 설명이 안 되어있기 때문이라는 것도 설명했다. 그림에서 나타냈듯이 도요타 생산방식을 추진해 가는 데 세 가지 영역이 있다고 생각하면 이해하기 쉬울 것이다.

우선, ① 이상적인 생산에 대한 기본적인 생각이 있고, 그것을 실현하기 위해 편성된 ② 실천적인 수법이 몇 가지가 있다. 그리고 이들을 구사해 어려운 개선을 추진해가기 위해, ③ 그 행동을 촉진하고 지탱하는 여러 가지 생각이 제시되어 있다. 이들 세 가지를 조화시켜 추진하지 않으면 좀처럼 제대로 되질 않는다.

삼위일체라는 말이 있는데, 어느 것 하나라도 빠지면 진정한 도요타 생산방식의 실현은 어렵게 된다. 도요타 생산방식에서는, 이상적인 모습을 그리고 그것을 추구해나가는 수법을 취하고 있어 지금까지의 개선방법과는 다소 다른 조치방법을 쓰는데, 가장 특징적인 것은 그 행동방식이다. 이 영역에서는 극히 독창적인 다양한 사고가 제시되고 있고, 이것은 다른 기법에서는 볼 수 없는 것이며, 이것이 도요타 생산방식을 복잡하고 어렵게 보이게 하는 것이라고 생각된다.

그러나 도요타 생산방식에 관심을 가지고, 기본사상이나 이 행동 이념에 대한 이야기를 들어온 많은 사람이 실망스런 얼굴로 "이제 사고방식에 대한 이야기는 알았다. 어떻게 하면 좋을지, 어떤 방법이 있는지를 알려줬으면 좋겠다"며, 방법이나 노하우만을 알고 싶어 한다. 사고방식을 이해하고, 구체적인 행동이 나오지 않는다는 것은 '알고 있다고는 하지만 실은 아무것도 알지 못한다'는 것을 말한다. 이런 때는 반드시라고 해도 좋을 만큼 결국 길이 막혀버리게 된다.

원래 도요타 생산방식에서는 공정을 눈에 보이도록 해 자기가 문제를 찾아내고, 자기가 바로 그 해결에 나서서 반드시 달성해낸다고 하는 방식을 취한다. 이는 이미 언급한 대로다. 그렇다면 스스로 생각해서 바로 묵묵히 개선을 추진하면 좋을 텐데, 아직도 많은 사람들이 여러 상황에서 방법을 원하고 수법을 요구한다. 도요타 생산방식에는, 지금까지 개별적인 개선에 대응하는 수법은 있었어도, 전체를 추진하는 절차나 방법을 제시한 적은 없었던 점을 생각하면 그러한 경향도 어쩔 수 없는 것인지도 모른다. 또, 모처럼 도요타 생산방식을 반드시 도입하고 싶다는 의욕을 가지고 시작했지만, 방법이 적절하지 못하기 때문에 제대로 되지 않는다는 사람들도 많다. 이런 사람들에게는 추진 절차와 방법이 필요할 것이다. 지금부터 시작하려는 사람들도 마찬가지일 것이다. 해야 할 일의 성격을 알고, 이를 확실하게 실행할 수 있고, 성과를 올릴 수 있는 구체적인 지표가 필요할 것이다. 그래서 그러한 요청에 부응하기 위해 이 방식을 소개하기로 한 것이다. 따라서 이 책은 앞의 ②의 실천수법 부분이 주요내용으로 되어 있다.

하지만 도요타 생산방식을 성공시키기 위해서는, 상당히 체계적인 조치를 필요로 하고 있다. 그 힘든 활동을 뒷받침하고 있는 것이 ③의 행동이념 부분이다. 따라서 이것을 성공시키려고 생각한다면, 원래 이 부분에 대해 상세하게 설명해야만 한다. 그런데 이 부분의 설명에 들어가면, 앞에서 이야기한 대로 전체적인 모습이 복잡하고 이해하기 어려워지고 만다. 그래서 실시해야 할 일의 성격을 가급적 구체적으로 알기 쉽게 하기 위해, 본 방식에서는 그 구성과 표현에 주의를 기울였다. 즉, 이 방식으로 스텝과 체크리스트에 의해 진행하는 가운데, 개선에 임하는 자세, 문제점을 찾는 방법, 개선의 착안점 등을 몸에 익히고, 개선의 마음가짐을 지닐 수 있도록 배려하였다. 특히 개선의 결과에 대해서는 개선하는 사람 자신도 포함해 평가, 판정을 정확하게 해, 성과를 확인할 수 있도록 하였다. 이를 통해 조직 안의 의사소통이 좋아짐과 동시에 조직력도 강해지며, 조직의 목표를 확실하게 달성해가는 과정에서 관리감독자의 매니지먼트 능력이 높아지게 되어있다.

　이 책은 지금까지 출판된 다른 도요타 관련 책과 다소 분위기가 다르다고 생각한다. 내가 도요타 생산방식을 접하게 된 것은 1975년이었다. 그 이후, 30년 가까운 세월 동안, 생각하고 실천하면서 하나의 형태로 정리한 것이다. 공장에서 개혁을 추진하고 있는 사람들, 도요타 생산방식을 하고 있는 사람들, 앞으로 하고자 하는 사람들에게 도움이 된다면 더할 나위 없겠다.

　이 책을 출판하는 데 있어, 일본 일간공업신문사의 출판국 서적편집부의 노자키 신이치(野崎伸一) 씨에게는 여러 차례에 걸쳐 많은 지원을 받아 대단히 감사드린다. 아울러 출판에 조언을 아끼지 않으신 츄부산업(中部産業)연맹집행이사 후지이 스스무(藤井進) 씨와 우라노 다카시(浦野貴) 씨에게도 감사의 말씀을 드린다.

- 쿠로다 히데토시(黑田英敏) -

찾아보기

〈 저자 소개 〉

■ 黑田英敏(쿠로다 히데토시)

　日本 관리기술연구회 대표간사 / 1956년 日本 나고야공업대학교 졸업 / 도요타방적(주), 도요타합성(주), 토고(東鄕)수지(주) 등
　도요타 각사에 근무하며 오노다이이치(大野耐一), 조후지오(張富士夫)로부터 도요타 생산방식에 대한 지도를 받음 / 도요타 생산
　방식 트레이너 양성 연수회 수료 / 1989년부터 컨설턴트로서 독립, 현재 도요타 생산방식에 관한 컨설팅 활동을 하고 있음

〈 감수자 소개 〉

■ 권기수 _ 한국표준협회 TPM교육부 · 생산혁신추진부 근무
　　　　　「설비관리」, 「생산혁신」 대통령상 심사위원
　　　　　현) 한국표준협회 기획전략본부장

■ 김민규 _ 한국표준협회 TPM교육부 · 생산혁신추진부 근무
　　　　　일본 MIC(Management Innovation Center) 생산성연구소 통역요원
　　　　　현) 한국표준협회 그린경영팀장

도요타생산방식 전개매뉴얼
스텝식 체크리스트 포함

발 행 일 | 2005년 3월 10일 초판 1쇄 발행
　　　　　2012년 3월 15일 초판 4쇄 발행

저　　자 | 쿠로다 히데토시

번　　역 | 강명상 · 김신인 · 이경근 · 주창길

발 행 인 | 이호욱

발 행 처 | 한국표준협회미디어

등　　록 | 2004년 12월 23일(제2009-26호)

주　　소 | 서울 금천구 가산동 371-50 에이스하이엔드 3차 1107호

　　　　　TEL. 02-2624-0360　　FAX. 02-2624-0369

　　　　　E-mail : book@ksamedia.co.kr

ISBN　978-89-956296-0-4　　03320

값　14,000원

파본이나 잘못된 책은 바꿔드립니다.